KB247567

미국주식

어떤 기업에
투자할 것인가

미국주식
어떤 기업에 투자할 것인가

고은미(미국회계사 EK) 지음

TORNADO
토네이도

숫자가 말해주는 부의 신호

투자의 세계에서 가장 믿을 만한 것은 무엇일까요? 내가 투자한 기업의 CEO가 하는 화려한 발표도, 언론의 호평도 아닙니다. 바로 재무제표 속 숫자입니다.

제가 미국 회계사로서 수백 건의 미국 기업 재무제표를 분석하며 확인한 사실이 있습니다. 기업이 아무리 그럴듯한 이야기를 만들어내도 숫자는 결코 거짓말을 하지 않는다는 것입니다. 마치 건강검진 결과처럼, 겉으로는 멀쩡해 보이는 기업도 재무제표를 보면 숨겨진 문제가 드러나곤 합니다.

재무제표가 중요한 이유는 단기적인 착시 효과에 휘둘리지 않게 해주기 때문입니다. 부실한 기업도 잠깐은 주가가 오르고 매출이 늘어날 수 있습니다. 하지만 이는 진통제로 통증을 잠시 지운 것과 같습니다. 근본이 무너지면 결국 문제는 드러나게 되어 있습니다. 반면 재무제표는 기업의 실제 체력을 보여줍니다. 매출이 증가했는데도 현금이 들어오지 않는다면, 이익이 나는데도 부채가 계속 쌓인다면 그 기업은 이미 경고등이 켜진 것입니다.

오랫동안 꾸준히 성장하며 주주들에게 높은 수익을 안겨준 기업들을 분석해 보면 몇 가지 공통점이 있습니다. 우선, 이 기업들은 현금 창출 능력이 남다릅니다. 장부상의 매출이 아니라 실제로 들어오는 현금에서 그 차이가 드러납니다. 건강한 기업은 영업이익이 곧 현금흐름으로 연결됩니다. 이 현금이 기업을 지탱하는 힘이 되고, 기회를 붙잡는 추진력이 됩니다.

애플의 경우가 대표적입니다. 2023년 기준, 애플은 약 1,650억 달러라는 어마어마한 현금을 보유하고 있었습니다. 이는 웬만한 나라의 GDP보다 큰 금액으로, 이 현금 덕분에 애플은 새로운 기술 개발에 과감한 투자를 할 수 있었고, 경쟁사 인수를 통한 사업 확장이 가능했으며, 경기 침체 시에도 안정적으로 회사를 운영할 수 있었습니다. 마이크로소프트 역시 막강한 현금 보유고로 클라우드 사업과 AI 기술에 선제적 투자를 할 수 있었고 지금의 자리에 오를 수 있었습니다.

꾸준히 우상향하는 기업의 또 하나의 중요한 특징은, 보유 자본을 효율적으로 사용하는 능력을 갖추었다는 것입니다. 같은 돈을 투입해도 어떤 기업은 훨씬 큰 이익을 만들어냅니다. 이 차이를 숫자로 알려주는 지표가 바로 ROICReturn On Invested Capital, 즉 '투하자본수익률'입니다. 투하자본수익률은 기업이 투자한 자본을 얼마나 효율적으로 굴렸는지 보여주는 지표로, 경영진의 판단력과 사업 모델의 힘을 가장 솔직하게 드러냅니다. 이 숫자를 볼 때 중요한 것은 일회적인 고수익이 아니라 꾸준한 수익입니다. 또한 같은 업종에서 늘 높은 수준의 자본 효율성을 유지하는 기업이 결국 시장에서 살아남습니다. 워런 버핏이 이끄는 버크셔 해서웨이가 오랜 기간 높은 수익률을 유지할 수 있었던 것도 이런 자본 배분의 힘 덕분이었습니다. 수익성이 높은 곳에 자본을 집중하고, 효율이 떨어지는 사업은 과감히 정리하며, 좋은 기회를 기다릴 때는 묵직하게 현금을 들고 기다리는 것, 이런 선택들이 ROIC라는 숫자 속에 고스란히 담겨 있습니다.

진정한 부는 하루아침에 만들어지지 않습니다. 지속 가능한 경쟁 우위, 꾸준한 현금 창출, 효율적인 자본 배분, 미래를 위한 적절한 투자 같은 요소들이 시간을 두고 쌓여야 합니다.

브랜드 파워나 기술적 우위, 네트워크 효과 같은 경쟁력은 코카콜라, 애플, 구글, 마이크로소프트, 메타, 아마존 같은 기업들이 어떻게 시장을 지배해왔는지를 보면 바로 이해됩니다. 이 기업들은 모두 안정적인 수요를 가진 사업 모델을 기반으로 고객 충성도를 만들어냈고, 경기 흐름에 크게 흔들리지 않는 구조 덕분에 꾸준히 현금을 쌓아 올렸습니다. 쌓인 현금은 다시 선택과 집중의 원칙으로 투자되며, 성장 기회가 있다고 해서 무턱대고 확장하는 대신 수익성을 중심으로 자본을 배분해왔습니다. 또한 이들의 공통점은 미래를 위한 집요한 준비입니다. 연구개발비를 꾸준히 투입하고, 우수한 인재를 확보하고 성장시키며, 새로운 기술과 사업 영역을 끝없이 탐색해 스스로 다음 시대의 길을 만들어 갑니다.

투자에서 가장 위험한 것은 감정입니다. 시장이 열광할 때는 모든 기업이 미래의 주인공처럼 보이고, 시장이 흔들릴 때는 단단한 기업조차 위태로워 보입니다. 하지만 숫자는 이런 감정의 파도에 흔들리지 않습니다. 재무제표 속 현금흐름과 투하자본수익률, 부채비율 같은 지표들은 시장의 분위기와 상관없이 기업의 진짜 모습을 그대로 보여줍니다.

기업이 만들어낼 미래의 부는 이미 현재의 재무제표에 신호로 나타나고 있습니다. 오늘의 현금 창출력은 내일의 성장 동력이 되고, 현재의 자본 효율성은 앞으로의 투자 수익률로 이어지며, 오늘의 투자는 결국 다가올 경쟁 우위의 밑거름이 될 것이기 때문입니다.

차례

프롤로그　숫자가 말해주는 부의 신호　4

1장
미국주식, 감정이 아닌 기준으로 시작하라

---

1. 돈 버는 사람들의 투자 마인드　12

2. 왜 지금 미국주식인가　18

3. 미국주식 첫걸음: 계좌 개설부터 세금까지　25

4. 기업의 속사정을 들여다보는 법　34

　재무상태표/ 손익계산서/ 현금흐름표 관련 영어 용어　53

　미국 기업의 재무제표 어디서 볼 수 있나요?　61

2장
기업의 돈 버는 능력을 확인하라

---

5. 주가는 결국 기업의 실적을 따라간다　66

　투하자본수익률(ROIC)의 이해　75

6. 기업의 진짜 실력을 보여주는 3가지 숫자　82

　미국주식 투자자라면 반드시 알아야 할 필수 사이트　91

3장
치열한 경쟁에서 살아남는 기업의 조건

---

7. 투자자가 반드시 체크해야 할 숫자들　96

　ROIC 높은 기업 베스트 10　127

8. 기업이 번 돈을 어떻게 쓰는지가 미래를 결정한다　131

9. 산업별 기업의 돈 버는 방식을 이해하라　147

　체크리스트 – 좋은 기업을 가려내는 기준　162

4장
미국 1등 기업이 보여주는 지속 성장의 공식

10. 애플과 마이크로소프트: 효율의 교과서　166
　　단계별 분석 – 기업 가치 평가 과정 따라 하기　181
11. 테슬라와 아마존: 미래 가치가 있는 성장 기업 분석법　184
　　체크포인트 – 기업의 성장성 확인을 위한 핵심 지표　200
12. 코카콜라와 P&G: 꾸준함이 만드는 기업의 내구력　202

5장
좋은 기업을 좋은 가격에 사는 법

13. 나에게 맞는 투자 스타일 찾기　218
　　자가 진단 – 나의 투자 성향 테스트　223
14. 저평가 기업을 찾는 가장 확실한 방법　225
15. 종목 분석이 어려울 때의 전략　234

6장
주식 투자는 매수 후 관리로 완성된다

16. 보유 주식 정기 점검하기　242
　　체크리스트 – 매도 신호를 파악하는 방법　250
17. 기업의 미래 가치를 예측하는 방법　255
18. 시장이 흔들릴 때 나를 지켜주는 리밸런싱 전략　264

1장

미국주식,
감정이 아닌 기준으로
시작하라

1.

돈 버는 사람들의
투자 마인드

"주식 투자는 데이터라는 근거 위에서
기업의 진짜 가치를 읽어내는 과정이다."

주식 투자에서 성공하기 위해서는 무엇보다 올바른 마인드를 갖추는 것이 중요합니다. 단기적인 수익만을 좇기보다는, 기업의 가치를 장기적인 시각으로 바라보고 인내심을 기르는 태도가 필요하죠. 주식 투자는 단순히 운이나 느낌에 기대는 게임이 아니라, 기업의 성장과 가치를 함께 나누는 자산 증식의 과정이라는 점을 명확히 인식해야 합니다.

이를 위해 투자자는 감정에 휘둘리지 않고 합리적으로 판단하려는 자세를 갖는 것이 중요합니다. 특히 기업의 재무제표를 꼼꼼히 살펴보고, 데이터를 근거로 투자 결정을 내릴 수 있어야 합니다. 이러한 분석 습관이야말로 장기적인 성공으로 이어지는 핵심 요소입니다. 기업의 내재가치를 탐구하고, 자신만의 투자 전략을 세워 체계적으로 실행하는 태도 역시 빼놓을 수 없습니다. 단기적인 주가 변동에 흔들리지 않는 심리적 안정감과 꾸준한 학습이 더해질 때, 비로소 실력 있는 투자자로 성장할 수 있습니다.

▶ 명확한 투자 목표 설정하기 ◀

투자의 출발점은 명확한 목표를 세우는 일입니다. 단순히 "돈을 많이 벌겠다!"는 막연한 바람이 아니라, 연평균 기대수익률과 투자 기간, 감내할 수 있는 위험 수준을 구체적으로 설정해야 합니다. 예를 들어 "연 8%의 수익률을 목표로, 최소 10년 이상 장기 투자를 이어간다"와 같은 형태가 바람직합니다.

이 목표는 단순한 희망이 아니라, 실현 가능한 분석과 전략을 바탕으로 세워져야 합니다. 목표가 뚜렷할수록 단기적인 시장 변동에 휩쓸리지 않고, 일관된 판단을 유지할 수 있겠지요. 투자 금액과 리스크 관리 방안까지 함께 고려한다면 더욱 견고한 계획이 될 것입니다.

이때 중요한 것은 '현실적인' 기대치를 갖는 것입니다. 초보 투자자가 단기간에 큰 수익률을 얻는 것은 사실 어렵습니다. 그러니 주식의 단기 급등락에 연연하기보다, 기업의 장기적인 성장 가능성에 주목해야 합니다. S&P 500 같은 시장 지수의 평균 수익률(연 10% 내외)을 참고하여 목표 수익률을 설정하고, 투자하려는 기업의 재무 건전성을 검토한 후 투자 결정을 내리는 것입니다.

▶ 감정적인 투자 결정 피하기 ◀

시장 변동성이 커질수록 감정이 개입되기 쉽습니다. 하지만 이러한 감정적 판단이야말로 투자 실패의 가장 큰 원인 중 하나입니다. 주식 시장은 늘 오르내림을 반복하기 때문에, 단기적인 주가 하락에 흔들리기보다는 기업의 본질적 가치를 믿고 유지하는 태도가 필요합니다.

특히 공포나 탐욕과 같은 감정이 투자 결정을 좌우하지 않도록 주의해야 합니다. 시장이 급락할 때 공포에 휩싸여 손절하거나, 단기 유행에 휩쓸려 비이성적으로 매수하는 행동은 장기적인 수익률을 떨어뜨릴 가능성이 큽니다. 2008년 금융 위기나 2020년 코로나19 팬데믹 시기에도 많은 투자자들이 공포심에 매도했지만, 이후 시장은 결국 회복하며 오히려 상승세를 보였습니다. 이처럼 감정보다는 논리에 근거한 판단이 장기적인 성공을 좌우합니다.

따라서 주식 투자를 시작할 때에는 가장 먼저 자신만의 원칙을 세우고 지켜 나가는 습관이 필요합니다. 예를 들어 '한 번 투자한 기업의 주식은 최소 5년 이상 보유한다'와 같은 기준을 정해두면, 일시적인 시장의 움직임에 휩쓸리지 않을 수 있습니다.

▶ 철저하게 분석하고 지속적으로 학습하기 ◀

자신만의 투자 원칙을 세우기 위해서는 철저한 기업 분석과 지속적인 학습이 필요합니다. 단순한 주가 흐름보다 기업의 재무제표, 사업 구조, 경쟁력 등 근본적인 요소를 살펴야 합니다. 재무제표를 통해 수익성·안정성·효율성을 함께 평가하면 기업의 재무 건전성을 좀 더 객관적으로 파악할 수 있습니다.

예를 들어 'ROICReturn On Invested Capital, 투하자본수익률'가 높은 기업은 자기자본을 효율적으로 활용해 수익을 창출하는 능력이 뛰어나다고 할 수 있습니다. 쉽게 말해 ROIC는 기업이 사업에 투자한 자본으로부터 얼마나 효율적으로 이익을 만들어내는지를 보여주는 지표입니다. 만약 ROIC가 15%라면, 기업이 100달러를 투자해 15달러의 순이익을 얻고 있다는 의미입니다. 그러니 이 수치가 높을수록 기업이 투자자의 자금을 더 효율적으로 활용하고 있다고 볼 수 있습니다.

또한 쉽게 확인할 수 있는 재무 지표인 '부채비율'을 통해서는 기업의 안정성을 확인할 수 있습니다. 당연히 부채비율이 낮은 기업일수록 재무적으로 안정적일 가능성이 높습니다. 여기에 매출 성장률, 영업이익률, 현금흐름 같은 지표를 함께 고려하면 그 기업의 전체적인 그림이 보입니다. 이때 한두 가지 숫자만 보고 판단하기보다는 다양한 데이터를 종합적으로 해석하는 태도가 필요합니다.

기업의 실적 발표, 산업 흐름, 경쟁사 동향을 꾸준히 모니터링하며 학습을 이어가는 것도 중요합니다. 이런 과정을 반복하다 보면 자연스럽게 분석력이 쌓이고, 스스로의 투자 전략도 점점 단단해질 것입니다.

▶ 재무제표 분석을 통해 합리적인 투자 결정 내리기 ◀

이미 미국주식 투자로 수익을 얻고 있는 경력 투자자라도 재무제표를 보는 일은 쉽지 않습니다. 확실히 재무제표는 낯설고 어려운 분야이지만, 변동성이 강한 주식 시장에서 지속적인 수익을 얻고 싶은 투자자라면 반드시 이해해야 하는 핵심 투자 지표입니다. 재무제표 안에 담긴 숫자들은 시장이나 차트에서 드러나지 않는 많은 이야기를 담고 있기 때문입니다.

사실 재무제표는 기업의 건강 상태를 보여주는 가장 확실한 도구입니다. 많은 투자자가 주가 차트나 단기 뉴스에 의존해 투자 결정을 내리지만, 기업의 본질적인 가치를 이해하려면 재무제표를 잘 살펴야 합니다.

재무제표는 '손익계산서Income Statement', '재무상태표Balance Sheet', '현금흐름표Cash Flow Statement'로 구성되어 있습니다. 손익계산서는 기업의 수익성과 비용 구조를, 재무상태표는 자산·부채·자본의 균형을, 현금흐름표는 실제 자금의 유입과 유출을 보여줍니다. 이 세 가지를 함께 분석하면 기업의 전반적인 재무 상태를 한눈에 파악할 수 있습니다.

결국 장기적으로 성공하는 투자자는 운에 기대지 않습니다. 그들은 명확한 목표를 세우고, 감정이 아닌 근거로 판단하며, 기업의 본질적 가치를 꾸준히 탐구합니다. 재무제표는 그런 투자자에게 기업의 현재와 미래를 읽는 가장 신뢰할 수 있는 나침반이 되어 줍니다.

숫자에 익숙하지 않더라도 괜찮습니다. 낯선 용어도 하나씩 익히다 보면 점차 익숙해지고, 어느 순간 데이터 속 기업의 진짜 얼굴이 보이기 시작할 것입니다. 주식 투자는 단기 차익을 노리는 게임이 아니라 기업의 성장 여정에 함께하는 일입니다. 이 원칙을 잊지 않고 꾸준히 학습하며 분석력을 키워간다면, 안정적이고 지속적인 성과로 이어질 것입니다.

2.
왜 지금 미국주식인가

"돈은 결국 불확실성을 피해 예측 가능한 곳으로 모인다."

미국과 한국의 주식 시장은 여러 측면에서 차이가 있습니다. 이러한 차이를 이해하는 일은 현명한 투자 결정을 내리기 위해 꼭 필요한 과정입니다. 이 장에서는 재무제표 공시, 시장 구조, 기업 환경, 배당 정책, 투자 문화 등 다양한 측면에서 두 시장의 특징을 비교해 보겠습니다.

▶ 재무제표 공시 및 회계 기준 ◀

미국과 한국은 각기 다른 회계 기준을 적용하고 있습니다. 미국은 GAAPGenerally Accepted Accounting Principles 또는 IFRSInternational Financial Reporting Standards를 따르는 반면, 한국은 K-IFRSKorean International Financial Reporting Standards를 적용합니다. 예를 들어, 같은 거래라도 GAAP에서는 비용으로 처리되는 항목이 IFRS에서는 자산으로 계상될 수 있어, 동일 기업이라도 회계 기준에 따라 매출이나 이익 수치가 달라질 수 있습니다 .

미국 기업들은 일반적으로 분기별 실적을 상세하게 공개합니다. 투자자들은 이를 애널리스트들의 예측과 비교해 기업의 성장세를 평가하죠. 그래서 실적 발표 시즌이 되면 주요 기업의 결과가 시장 전체의 분위기를 바꾸기도 합니다.

회계의 투명성이 높다는 점도 미국 시장의 강점 중 하나입니다. 덕분에 투자자는 기업의 재무 상태를 비교적 명확히 파악할 수 있습니다.

반면 한국 기업들은 상대적으로 공시의 투명성이 떨어지는 편입니다. 특히 중소형주의 경우 신뢰할 만한 정보가 부족해 투자 판단이 쉽지 않습니다. 일부 기업은 공시를 늦게 하거나 불명확한 내용을 포함하는 경우도 있어서, 재무 상태를 꼼꼼히 살피고 투자하려는 투자자들에게는 불편함이 따르기도 합니다. 또 국내 기업들은 배당 정책이 아직 충분히 발달하지 않아, 장기 투자자 입장에서는 다소 매력이 떨어질 수 있습니다.

▶ 시장 규모와 유동성 ◀

미국이 주식 시장은 세계에서 가장 크고, 유동성도 압도적입니다. 뉴욕증권거래소와 나스닥에 상장된 기업들의 시가총액은 수조 달러에 달하며, 애플, 마이크로소프트, 아마존, 구글 같은 글로벌 리더들이 포진해 있습니다. 이런 기업들은 전 세계 경제에 지대한 영향을 미치며, 시장 전체의 방향을 결정짓는 중심축 역할을 합니다.

한국의 주식 시장은 상대적으로 규모가 작고, 외국인 투자자 비중이 높습니다. 이 때문에 시장은 글로벌 경제나 환율 변화, 외국인 자금의 흐름에 민감하게 반응합니다. 외국인 매도세가 강할 때 시장이 급격히 흔들리는 이유가 여기에 있습니다. 또한 반도체, 자동차, 조선업 등 일부 산업군에 자금이 집중되어 있어, 산업별 편차가 크고 전체 변동성도 상대적으로 높은 편입니다.

▶ 기업 구조 및 산업 구성 ◀

미국 시장은 산업 구조가 다양하고 균형 있게 발달해 있습니다. IT, 바이오, 소비재, 금융, 에너지 등 여러 분야가 고르게 성장하며, 각 산업 안에서도 치열한 경쟁이 이어지고 있습니다. 특히 애플, 마이크로소프트, 아마존, 구글 같은 '빅테크' 기업들은 기술 혁신을 주도하며 세계 시장의 흐름을 바꿔놓고 있습니다.

　반면 한국 시장은 반도체, 자동차, 조선 등 특정 산업 중심의 구조를 가지고 있습니다. 삼성전자의 비중이 워낙 크기 때문에, 삼성전자의 실적이 곧 한국 증시의 흐름을 좌우하는 경우도 많습니다. 이런 대기업 중심의 구조는 안정적일 수는 있지만, 상대적으로 중소기업들이 성장할 수 있는 여지를 제한합니다.

▶ 배당 문화 ◀

미국 기업들은 주주 친화적인 배당 문화를 오랫동안 유지해왔습니다. 코카콜라, P&G, 존슨앤드존슨처럼 수십 년 동안 꾸준히 배당을 지급하거나 매년 배당액을 소폭 늘려가는 배당 성장주도 많습니다. 이런 일관된 배당 정책은 연금 운용이나 장기 투자를 중시하는 투자자에게 있어 매우 매력적인 요소입니다.

　한국 기업들은 이익을 배당하기보다는 재투자에 사용하는 경우가 많습니다. 이는 장기적인 성장 가능성을 높일 수 있지만, 단기적인 현금 수익을 기대하는 투자자에게는 아쉬운 부분입니다. 이런 이유로 한국 시장은 장기 보유보다는 단기 매매나 테마주 중심의 투자자에게 더 적합한 환경이라고 볼 수 있습니다.

▶ 투자자 성향과 투자 문화 ◀

미국주식 시장에서는 장기적인 관점의 투자가 일반적입니다. 연기금이나 기관 투자자들이 시장의 큰 흐름을 이끌며, 기업의 장기 성장 가능성을 중시합니다. 가치 투자, 배당 투자 등 기업의 펀더멘털 분석에 기반한 전략이 널리 활용되고 있죠.

반면 한국 시장에서는 개인 투자자의 비중이 압도적으로 높습니다. 단기 매매나 테마주 투자처럼 빠른 수익을 노리는 거래가 활발하며, 뉴스나 루머에 따라 급등락이 발생하기도 합니다. 이런 환경은 시장의 변동성을 키우고, 장기적인 안정성을 떨어뜨리는 요인이 되기도 합니다.

▶ 왜 지금, 미국주식에 주목해야 할까 ◀

투자를 시작할 때 누구나 한번쯤 고민합니다. '국내 주식이 나을까, 미국주식이 나을까?'

한국 주식 시장은 빠르게 변합니다. 산업 트렌드가 민감하게 반응하고, 개인 투자자들의 참여가 활발해 단기 변동성이 큽니다. 특정 산업이나 대기업 중심으로 자금이 몰리기 때문에, 타이밍을 잘 맞추면 짧은 기간에도 큰 수익을 얻을 수 있습니다. 이런 특성 덕분에 시장의 흐름을 빠르게 읽고 대응하는 투자자에게는 기회의 장이 될 수 있습니다. 하지만 반대로, 경기나 정책 변화에 따라 종목마다 편차가 크고 외국인 자금 유출입에 시장이 민감하게 흔들린다는 단점도 있습니다.

반면 미국주식 시장은 훨씬 넓고 깊습니다. 세계에서 가장 안정적이고 투명한 시장으로, 산업의 다양성과 기업 규모에서 비교할 상대가 없습니다. 애플, 마이크로소프트, 엔비디아, 테슬라 등 글로벌 1위 기업들이 모두 미국에 상장되어 있고, 첨단 기술부터 헬스케어, 소비재, 에너지까지 산업 전반이 고르게 발달해 있습니다. 덕분에 한 나라의 경기 흐름이나 정책 변화에 영향을 덜 받으며, 장기적인 관점에서 안정적으로 성장할 수 있는 기반이 마련되어 있습니다.

미국 시장의 또 다른 강점은 '투자 친화성'입니다. 기업 공시가 투명하고, 재무 정보 접근성이 높아 투자자들이 합리적인 판단을 내리는 데 좋은 환경입니다. 또한 배당 문화가 잘 발달되어 있어 장기 보유만으로도 꾸준한 현금흐름을 얻을 수 있습니다. 실제로 S&P 500 구성 기업 중 상당수가 오랜 기간 배당을 늘려온 '배당 귀족주Dividend Aristocrats'로 분류됩니다.

이런 점에서 미국주식은 단순히 해외 투자의 대안이 아니라, 장기적으로 자산을 성장시키는 가장 안정적인 투자 플랫폼이라 할 수 있습니다. 한국 시장이 빠른 수익을 추구하는 '속도의 시장'이라면, 미국 시장은 복리의 힘으로 부를 키우는 '시간의 시장'입니다.

결국 중요한 것은 시장의 크기나 언어가 아니라, 나의 투자 철학과 맞는 시장을 선택하는 일입니다. 만약 단기적 매매보다 장기적 성장, 그리고 예측 가능한 현금흐름을 중시한다면, 미국주식에 투자하는 것이 좋습니다.

3.

미국주식 첫걸음
: 계좌 개설부터 세금까지

"자신의 성향에 맞는
투자 방식을 찾아라."

이제 본격적으로 미국주식 투자 방법을 알아봅시다. 미국주식 투자를 시작할 때는 가장 먼저 증권사 선택, 계좌 개설, 세금에 대한 정보를 알아보고 비교해 봐야 합니다. 요즘은 대부분의 국내 증권사에서 미국주식 거래가 가능하지만, 각 증권사마다 수수료, 환율 우대, 세금 계산 방식 등 세부 조건이 다르기 때문에 본인의 투자 스타일에 맞는 곳을 고르는 것이 중요합니다. 특히 안정성, 세금 계산 방식, 거래 수수료, 환율 우대, 외화 RP^{Repurchase Agreement} 등의 요소를 꼼꼼히 비교해 살펴보면 훨씬 효율적으로 투자 환경을 만들 수 있습니다.

▶ 증권사 선택 시 고려해야 할 사항 ◀

1. 증권사의 안정성

증권사의 재무 건전성은 투자자 보호의 핵심 요소 중 하나입니다. 증권사가 재정적으로 안정적이어야 위기 상황에서도 투자자의 자산을 안전하게 지켜낼 수 있기 때문입니다. 이를 판단할 때는 다음 세 가지 지표를 참고해 보세요

① 자기자본

자기자본이 탄탄한 증권사는 유상증자나 현금성 자산을 통해 위기 상황에서도 빠르게 자본을 확충할 수 있습니다. 따라서 증권사를 고를 때는 자기자본 규모를 꼭 확인하는 것이 좋습니다.

② 순자본비율 NCR, Net Capital Ratio

NCR이 높을수록 재무 건전성이 우수하다는 뜻입니다. 금융당국은 일반적으로 100% 이상을 권고하며, 150% 이상을 유지하는 증권사는 안정성이 높은 편으로 평가됩니다.

③ 부채비율

부채비율이 낮으면 외부 자금 의존도가 적어 안정적일 가능성이 크지만, 증권사는 본질적으로 레버리지를 활용하는 업종이기 때문에 부채비율이 무조건 낮다고 좋은 것은 아닙니다. 안정성과 수익성의 균형을 함께 고려해야 합니다.

2. 양도소득세 계산 방식

미국주식을 팔면 양도소득세가 발생하는데, 증권사마다 세금 계산 방식이 다를 수 있습니다. 나에게 유리한 방식을 선택하는 것이 중요합니다. 적절한 세금 관리 전략을 세우기 위해 증권사의 양도소득세 계산 방식을 이해해야 합니다.

① 선입선출법

먼저 매입한 주식을 먼저 매도한 것으로 간주하는 방식입니다. 매입단가가 낮은 종목을 오래 보유하고 있다가 매도하면 양도 소득이 증가할 가능성이 있습니다.

② 이동평균법

보유한 모든 주식의 평균 매수가를 기준으로 계산하는 방식입니다.

③ 세금 관리 포인트

투자 성향에 따라 두 방식 중 자신에게 맞는 쪽을 선택해야 합니다. 장기 투자자는 보통 이동평균법을, 단기 매매 위주의 투자자는 선입 선출법을 선호하는 경향이 있습니다.

3. 거래 수수료 및 환율 우대

거래 수수료와 환율 우대 혜택도 증권사 선택 시 중요한 요소입니다. 미국주식을 거래할 때는 수수료가 발생하고, 환전 과정에서도 비용이 들기 때문에 이를 절감할 수 있는 증권사를 선택하는 것이 중요합니다.

① 거래 수수료

일반적으로 미국주식 거래 시 0.25%의 수수료가 부과되지만, 신규 계좌 개설 이벤트를 활용하면 더 낮은 수수료로 거래할 수 있습니다.

② 환율 우대

환전 시 발생하는 비용을 절감할 수 있는 환율 우대율이 높을수록 장기적으로 투자 수익률이 개선됩니다. 일부 증권사는 80~90%의 환율 우대를 제공하기도 하므로 이러한 정보를 꼼꼼히 확인하고 적극 활용하는 것이 좋습니다.

4. 외화 RP 및 외화 발행 어음

미국주식 투자를 위해 환전한 달러를 효율적으로 운용하는 방법 중 하나가 외화 RP 및 외화 발행 어음을 활용하는 것입니다.

① 외화 RP Repurchase Agreement

증권사가 일정 기간 후 다시 매수하는 조건으로 채권을 판매하는 방식으로 운영됩니다. 원금 손실 위험이 적으며, 안정적인 금리를 제공합니다.

② 외화 발행 어음

금융기관이 신용을 바탕으로 발행하는 단기 어음으로, 일반적으로 외화 RP보다 높은 금리를 제공합니다. 다만 원금 손실 가능성이 존재하므로 신중한 선택이 필요합니다.

③ 선택 기준

안정성을 중시한다면 외화 RP, 높은 금리를 원한다면 외화 발행 어음을 고려할 수 있습니다.

▶ 그 외 고려 사항 ◀

미국주식 투자를 할 때는 증권사별 세부적인 혜택과 이벤트를 수시로 확인하는 것이 좋습니다.

1. 초대형 IB 증권사의 외화 RP 금리 비교

금리는 변동성이 있기 때문에 가입 전에 여러 증권사의 외화 RP 금리를 비교하는 것이 유리합니다.

2. 증권사별 이벤트 활용

일부 증권사는 신규 계좌 개설 시 일정 금액의 거래 수수료 무료 혜택을 제공하며, 특정 기간 동안 수수료 면제 이벤트를 진행하기도 합니다. 또한 환율 우대율을 높이는 프로모션을 주기적으로 실시하는 경우도 있으므로 이를 활용하면 투자 비용을 절감할 수 있습니다.

3. 모바일 및 온라인 거래 시스템

미국주식 거래는 대부분 모바일 또는 온라인을 통해 이루어지므로, 증권사의 플랫폼이 직관적이고 사용이 편리한지도 고려해야 합니다. 특히 주문 체결 속도와 해외 주식 거래 지원 기능이 중요한 요소입니다.

미국주식 투자 시작 시 증권사 선택은 의외로 투자 성공의 중요한 요소 중 하나입니다. 안정성, 세금 계산 방식, 거래 수수료, 환율 우대, 외화 RP 등의 요소를 종합적으로 고려하여 본인의 투자 성향에 맞는 증권사를 선택해야 합니다. 또한 증권사의 이벤트와 혜택을 적극 활용하여 투자 비용을 절감하고, 효과적인 세금 관리 전략을 세우는 것이 중요합니다. 장기적인 수익 극대화를 위해 신중하게 증권사를 선택하고, 지속적으로 투자 전략을 점검하는 것이 성공적인 미국주식 투자의 시작입니다.

▶ 해외 주식 양도세 절세 방법 ◀

1. 매도 후 즉시 재매수하기

해외 주식의 양도소득세는 연간 250만 원까지 면세가 가능합니다. 따라서 여러 주식의 손익을 합산하여 이 면세 한도 내에서 손익을 실현하는 전략이 중요합니다.

첫 번째 전략은 이익이 난 주식을 매도 후 즉시 재매수하는 방법입니다. 예를 들어 200만 원에 매수한 A 주식이 300만 원으로 상승했을 때, 300만 원에 매도하고 바로 다시 300만 원에 재매수하는 방식입니다. 이 경우 매매차익은 100만 원이지만, 이는 250만 원 면세 한도 내이므로 세금이 부과되지 않습니다. 이 전략은 주식의 평단가를 높이는 효과가 있지만, 실질적인 이익을 확보하면서 향후 주가 상승 시 내야 할 세금을 줄이는 장점이 있습니다.

두 번째 전략은 손해 본 주식을 매도하여 이익을 상쇄하는 방법입니다. 예를 들어 B 주식에서 300만 원의 이익이 발생하고 C 주식에서 50만 원의 손해가 발생한 경우, 두 주식을 모두 매도하면 순이익은 250만 원(300만 원-50만 원)이 됩니다. 이 경우 전체 양도차익이 250만 원이므로 양도소득세를 한 푼도 내지 않게 됩니다.

이처럼 해외 주식 투자자는 손익을 조정하여 250만 원 면세 한도 안에서 매매를 계획적으로 실행함으로써 합법적으로 세금을 줄일 수 있습니다.

2. 배우자에게 증여하기

배우자에게 주식을 증여하는 방법 또한 주식 매도 시 발생하는 양도소득세를 절감할 수 있는 효과적인 전략입니다.

배우자에게 주식을 증여할 경우 10년간 최대 6억 원까지 증여세가 면제됩니다. 또한 증여받은 배우자는 증여 시점의 주가를 취득가액으로 인정받게 됩니다. 이 취득가액은 증여일 전후 2개월, 총 4개월간의 평균 주가로 산정됩니다.

예를 들어 1억 원에 매수한 주식이 3억 원으로 상승한 상황에서 배우자에게 증여하면, 배우자는 이 주식을 3억 원으로 취득하게 됩니다. 이후 즉시 매도하더라도 취득가액과 매도가액이 동일하므로 양도소득세가 발생하지 않습니다. 이로써 주식 가격이 크게 오른 경우에도 세금 부담 없이 차익을 실현할 수 있습니다. 하지만 2025년 1월 1일 이후 증여된 주식은 증여 후 1년 이내에 매도할 경우, 증여자의 취득가액이 그대로 적용되어 양도소득세가 발생할 수 있습니다.

배우자 증여 시에는 몇 가지 주의사항이 있습니다. 먼저, '부당 행위 계산 부인'에 해당하지 않도록 해야 합니다. 부당 행위 계산 부인은 세무당국이 '세금을 줄일 목적만으로 한 거래'라고 판단할 경우, 그 거래를 인정하지 않고 원래대로 과세하는 제도입니다. 즉, 남편이 아내에게 주식을 증여하고, 아내가 이를 매도한 후 그 자금을 다시 남편에게 돌려주는 경우, 세무당국은 이를 부당 행위로 간주하여 양도세 절세 효과를 인정하지 않을 수 있습니다. 또한, 증여받은 주식의 취득가액 산정 기간은 증여일 기준 전후 2개월씩 총 4개월이며, 증여세 신고는 증여 후 2개월이 지난 뒤 3개월 이내에 가능합니다. 따라서 증여세 신고 시점에는 이 평균 주가를 기준으로 신고가 이루어집니다.

매도 시점 또한 중요합니다. 증여 후 2개월 이내에 매도할 경우, 그 이후 2개월간의 주가 변동에 따라 최종 취득가액이 확정되므로 주식 가격 변동을 주의 깊게 살펴야 합니다. 반면 2개월 이후에 매도하는 경우, 이미 확정된 취득가액을 기준으로 매도 결정을 내릴 수 있습니다. 예를 들어 증여 당시 테슬라 주가가 250달러(약 7,500만 원)였는데, 증여 후 2개월 동안 주가가 하락하여 평균 주가가 200달러(약 6,000만 원)로 산출된 경우, 증여받은 주식을 바로 팔더라도 1,500만 원의 차익이 발생한 것으로 계산되어 양도소득세가 부과됩니다. 즉, 주가 변동에 따라 취득가액이 달라지고, 이에 따라 세금 부담이 증가하거나 감소할 수 있습니다.

4.

기업의 속사정을 들여다보는 법

“가격은 당신이 지불하는 것이고,
가치는 당신이 얻는 것이다.”

- 워런 버핏

▶ 왜 하필 재무제표를 분석해야 할까 ◀

주가는 시장이 붙여놓은 '가격'일 뿐, 그 기업이 실제로 얼마나 좋은 기업인지, 앞으로 얼마나 성장할지까지 말해주지는 않습니다. 가격이 낮으면 싸게 살 수는 있지만, 그 자체가 기업의 매력을 보증하지는 않습니다. 어떤 기업이 투자할 만한 기업인지 판단하려면, 단순한 가격이 아니라 그 기업이 실제로 만들어내는 '가치'를 봐야 합니다.

가치란 기업이 창출하는 이익과 장기적인 성장 가능성을 담은 개념입니다. 그래서 주가가 낮다고 해서 그 기업이 저평가되었다고 단정할 수 없고, 반대로 주가가 높다고 해서 과대평가되었다고 말할 수도 없습니다. 주가는 시장의 심리, 뉴스, 경기 상황에 따라 휘청이지만, 기업의 가치는 재무제표의 숫자 속에서 비교적 일관되게 드러납니다.

주가가 기업의 '가격'을 보여주는 지표라면, 재무제표는 그 기업의 '가치'를 보여주는 지표입니다. 실제로 돈을 얼마나 벌고 있는지, 빚은 얼마나 되는지, 사업이 얼마나 효율적으로 돌아가는지 같은 본질적인 정보는 재무제표에서만 확인할 수 있습니다. 그래서 기업의 진짜 가치를 알고 싶은 투자자라면 반드시 재무제표를 살펴야 합니다.

많은 투자자가 뉴스 헤드라인이나 SNS에 떠도는 투자 조언에 흔들리지만, 이런 정보는 일관성과 객관성이 부족합니다. 재무제표는 기업이 직접 공시하는 공식 자료로, 가장 객관적인 사실을 보여줍니다. 따라서 현명한 투자자는 재무제표를 통해 기업의 현재 상태를 읽고, 그 안에서 장기적 가치를 찾습니다. 재무제표 분석은 선택이 아니라,

위험을 줄이고 안정적인 수익을 얻기 위한 필수 과정입니다.

"투자는 생각보다 간단합니다.

먼저, 기업의 언어인 회계를 이해하는 것이 중요합니다.

성공적인 투자 비결은 합당한 기질을 가진 사람이

올바른 마음가짐을 유지하며 원칙을 준수하는 데 있습니다.

자신의 능력을 넘지 않는 한, 좋은 성과를 얻을 수 있을 것입니다."

– 워런 버핏, 버크셔 해서웨이 주주총회, 1993년

"투자는 현재의 자금을 사용해 미래에 더 많은 수익을 얻으려는

행위입니다. 주가를 신경 쓰기보다는, 농사를 지을 때 면적당

수확량을 고려하듯, 자산에 주목해야 합니다.

회사의 본질을 깊이 이해하고 있다면, 현재의 재무제표를 통해

미래의 재무 상태를 예측할 수 있습니다. 스스로가 과연 그 정도로

회사를 잘 알고 있는지를 점검해 보세요.

저는 이런 방식으로 투자를 해왔습니다."

– 워런 버핏, 버크셔 해서웨이 주주총회, 2008년

버핏의 말처럼 재무제표는 기업의 언어를 해독할 수 있는 가장 강력한 도구입니다. 따라서 재무제표를 볼 줄 안다는 것은 단순히 지표를 읽는 기술이 아니라, 투자에서 불필요한 추측을 걷어내는 능력입니다. 숫자가 말해주는 사실 위에 판단을 세우기 시작하면, 감정에 흔들리던 과거의 투자 방식이 자연스럽게 바뀝니다. 누구의 말보다 데이터에 귀를 기울이는 태도, 바로 그 차이가 장기적으로 투자자의 성과를 갈라놓습니다.

▶ 재무제표를 통해 '숫자 너머'를 읽어낸다 ◀

재무제표를 이해하고 분석하는 일은 단순히 숫자를 해석하는 수준을 넘어섭니다. 각 항목이 의미하는 바를 읽어내면 기업의 현재 상태와 미래 가능성을 가늠할 수 있습니다. 그러나 많은 투자자들이 재무제표의 중요성을 간과하거나, 분석 방법을 제대로 익히지 못해 기업의 진짜 모습을 보지 못하는 경우가 많습니다.

재무제표는 기업의 겉모습이 아니라 속살을 보여줍니다. 겉으로는 성장하고 있는 것처럼 보여도, 재무제표를 보면 실제로 이익이 줄거나 부채가 늘어나는 경우가 있습니다. 이런 신호를 놓치면 투자자는 의외의 손실을 겪게 됩니다.

예를 들어 매출이 늘었다고 해서 반드시 좋은 일만은 아닙니다. 매출 증대가 이익 증가로 이어지지 않는다면, 높은 비용 구조나 비효율적인 자산 운용이 숨어 있을 수 있습니다. 이때 재무제표를 통해 이런 문제를 조기에 발견할 수 있다면 위험을 피하고 기회를 잡을 가능성이 커질 것입니다.

몇 년 전, 한 유명 기업이 갑작스럽게 파산한 적이 있습니다. 당시 이 기업의 주가는 꾸준히 상승하고 있었고, 외부에서는 성장 기업으로 평가받고 있었습니다. 그러나 재무제표를 세밀히 분석한 투자자들은 이미 이상 신호를 발견했습니다. 현금흐름이 악화되고 부채가 급격히 늘어나고 있었던 것입니다. 결국 이 기업은 재무 구조의 불안정으로 인해 파산했고, 재무제표를 꾸준히 확인하던 투자자들만이 큰 손실을 피할 수 있었습니다. 이 사례는 재무제표가 단순한 회계 보고서가 아니라, 기업의 생존 가능성을 미리 알려주는 신호라는 사실을 명확히 보여줍니다.

다음은 재무제표를 구성하는 재무상태표, 손익계산서, 현금흐름표를 통해 우리가 알 수 있는 것들은 무엇인지 더 자세히 살펴보겠습니다.

기업의 안정성을 알 수 있는 숫자들
: 재무상태표

보통 기업의 재무 상태를 나타내는 재무제표는 크게 다음의 세 가지로 구성됩니다.

① 재무상태표(Balance Sheet)

② 손익계산서(Income Statement)
③ 현금흐름표(Cash Flow Statement)

이 중 재무상태표는 특정 시점의 기업 재무 구조를 나타내며, 자산·부채·자본이 어떻게 구성되어 있는지를 보여줍니다. 재무상태표는 기본적으로 다음의 등식으로 표현됩니다.

$$자산 = 부채 + 자본$$

즉, 기업이 보유한 자산은 외부로부터 빌려온 돈(부채)과 주주가 투자한 돈(자본)으로 구성됩니다. 자산은 기업이 실제로 보유하고 있는 모든 자원을 의미하고, 부채는 그 자원을 운용하기 위해 빌린 외부 자금이며, 자본은 주주가 투자한 금액과 기업이 벌어들여 쌓아둔 이익을 말합니다. 각 항목을 조금 더 자세히 살펴보겠습니다.

재무상태표의 구성 요소

1. 자산

기업이 소유하고 있는 모든 자원으로, 유동자산과 비유동자산으로 나뉩니다.

① **유동자산:** 1년 이내에 현금화할 수 있는 자산.

예) 현금, 매출채권, 재고자산, 선급비용.

② **비유동자산:** 1년 이상 장기간 보유하는 자산.
예) 건물, 기계 등의 유형자산과 특허, 상표권, 기업 인수시 발생하는 영업권 물리적 형태가 없는 무형자산.

2. 부채

기업이 외부 이해관계자에게 갚아야 할 돈이나 의무로, 유동부채와 비유동부채로 나뉩니다.

① **유동부채:** 1년 이내 상환해야 하는 부채.
예) 상품이나 서비스를 구매한 후 아직 지급하지 않은 금액인 매입채무, 이미 발생했지만 아직 지급하지 않은 미지급비용, 이미 받은 금액이지만 아직 수익으로 인식되지 않은 이연 수익.

② **비유동부채:** 1년 이상 장기간에 걸쳐 상환해야 하는 장기 부채. 예) 정기적으로 상환해야 하는 장기차입금, 퇴직 후 지급할 연금 및 기타 복리후생 비용인 퇴직급여충당부채, 그리고 미래에 납부해야 할 세금인 이연법인세.

3. 자본

자산에서 부채를 제외한 순자산으로, 주주가 투자한 금액과 기업의 누적 이익으로 구성됩니다.

① **자본금:** 주식을 발행할 때의 액면가 기준으로 계산된 금액.

② **이익잉여금:** 기업이 영업활동을 통해 벌어들인 이익 중 배당하지 않고 남겨둔 금액.

③ **자본잉여금:** 주식을 액면가 이상으로 발행해 생긴 초과금.

④ **기타포괄손익누계액:** 외화환산손익, 매도가능증권 평가손익, 연금 조정손익 등 손익계산서에 포함되지 않는 항목.

다음의 재무상태표를 한 가상 기업의 것이라고 가정해 봅시다. 이제 자산, 부채, 자본이라는 재무상태표를 이루는 세 가지 지표를 통해 이 기업의 가지고 있는 '진짜 가치'를 찾아보겠습니다.

· **A기업의 재무상태표(단위: 백만 원)**

항목	2022.12.31	2023.12.31
자산		
유동자산		
−현금 및 현금성자산	500	600
−매출채권	700	800
−재고자산	300	400
비유동자산		
−유형자산	2,000	2,100
−무형자산	300	500
−기타 비유동자산	200	200
자산총계	4,000	4,500
부채		
유동부채		
−매입채무	800	900
−단기차입금	400	500
비유동부채		
−장기차입금	500	600
−기타 비유동부채	300	300
부채총계	2,000	2,300
자본		
−자본금	1,000	1,000
−이익잉여금	1,000	1,200
자본총계	2,000	2,200

재무상태표 읽기

2023년 기준 이 회사의 총자산은 45억 원입니다. 그중 유형자산이 21억 원으로 약 47%를 차지합니다. 일반적으로 제조업이나 건설업처럼 생산 설비와 기계 장비 등 고정자산 투자가 중요한 산업군의 기업일수록 유형자산 비중이 높습니다. 이러한 기업은 설비를 기반으로 생산 능력을 유지하며, 안정적인 수익을 창출할 가능성이 높습니다. 다만 경기 침체 시에는 감가상각 부담이 커질 수 있으므로, 자산 구조를 평가할 때 함께 고려해야 합니다.

이 기업의 부채 총액은 23억 원이며, 이 중 단기차입금 5억 원과 장기차입금 6억 원을 포함한 총차입금은 11억 원입니다. 만약 영업현금흐름이 연간 5억 원이라고 가정하면, 현재의 현금 창출력으로 차입금을 전액 상환하는 데 걸리는 기간은 약 2.2년(11÷5=2.2) 정도입니다. 이 계산은 기업이 본업을 통해 실제로 벌어들이는 현금으로 부채를 얼마나 빨리 갚을 수 있는지를 보기 위해 사용합니다. 즉, 영업현금흐름을 총차입금으로 나누면 '지금 벌고 있는 돈으로 빚을 모두 갚는 데 몇 년이 걸릴까?'를 알 수 있습니다. 이 비율은 업종에 따라 다르지만 일반적으로 3배 이하라면 무난한 수준으로 평가할 수 있습니다. 따라서 이 기업은 충분한 현금흐름을 창출하고 있으며, 레버리지 리스크가 낮고 재무적으로 안정적인 상태라고 볼 수 있습니다.

이익잉여금은 2022년 10억 원에서 2023년 12억 원으로 늘었습니다. 이는 회사가 1년 동안 이익을 내고, 그중 일부를 주주에게 배당하지 않고 내부에 남겨두었다는 뜻입니다. 이렇게 쌓인 이익잉여금은 기업이 새로운 설비 투자나 연구개발, 향후 배당 확대 등 다양한 목적으로 활용할 수 있습니다. 이익잉여금이 꾸준히 늘어나는 기업은 스스로 자본을 축적하며 성장할 수 있는 힘을 갖추고 있다는 긍정적인 신호로 볼 수 있습니다.

기업의 성과를 알 수 있는 숫자들
: 손익계산서

손익계산서는 일정 기간 동안 기업이 얼마나 벌었고, 얼마를 썼는지, 그리고 그 결과 얼마의 이익을 남겼는지를 보여주는 재무제표입니다. 쉽게 말해, 기업의 '성과표'라고 할 수 있습니다. 이 표를 통해 기업의 수익성, 비용 구조, 영업 효율성을 종합적으로 파악할 수 있습니다.

손익계산서의 주요 구성 요소

손익계산서는 일반적으로 다음과 같은 항목으로 구성됩니다. 각 항목이 어떤 의미를 가지는지 이해하면, 기업의 이익 구조를 훨씬 명확히 볼 수 있습니다.

매출	기업이 제품을 판매하거나 서비스를 제공하여 얻은 총수입
매출원가	제품을 생산하는 데 들어간 직접 비용 (제조업인 경우 존재)
매출총이익	매출액에서 매출원가를 뺀 금액
영업비용	일상적인 운영을 위해 발생하는 비용 ex) 일반관리비, 마케팅 비용
영업이익	매출총이익에서 영업비용을 뺀 금액으로, 기업의 영업활동으로 벌어들인 이익
영업외손익	주된 영업활동 이외에서 발생한 수익과 비용 ex) 이자비용, 자산처분이익
세전이익	영업이익에서 영업외손익을 반영한 금액, 기업의 모든 활동 관련 이익을 나타냄
세금	기업이 벌어들인 이익에 대해 납부해야 하는 세금
당기순이익	매출에서 모든 비용과 세금을 차감한 후 남은 순이익. 손익계산서의 최종 결과로, 기업이 특정 기간 동안 벌어들인 총이익

재무상태표가 특정 시점의 기업 체질을 보여준다면, 손익계산서는 특정 기간 동안 기업이 실제로 얼마나 잘 벌고, 얼마나 효율적으로 지출했는지를 보여주는 '활동 보고서'입니다. 이제 A기업의 2022년과 2023년 손익계산서를 성장(매출)과 수익성(비용)의 균형이라는 투자자 관점에서 분석하여, 외형적인 성장 이면에 숨겨진 재무적 경고 신호와 미래 투자 가치를 심도 있게 평가해 보겠습니다.

- **A기업의 손익계산서 (단위: 백만 원)**

항목	2022년	2023년	증감율(%)
매출액	100,000	120,000	20% 증가
매출원가	60,000	75,000	25% 증가
매출총이익	**40,000**	**45,000**	13% 증가
영업비용			
급여	−12,000	−15,000	25% 증가
임대료	−7,000	−8,000	14% 증가
마케팅 비용	−5,000	−10,000	100% 증가
연구개발 비용	−4,000	−6,000	50% 증가
기타 영업비용	−2,000	−3,000	50% 증가
영업비용 합계	−30,000	−42,000	40% 증가
영업이익	**−10,000**	**−3,000**	−70% 감소
영업외손익			
이자 수익	300	200	−33% 감소
배당금 수익	200	100	−50% 감소
자산 처분이익	100	500	400% 증가
이자비용	−1,000	−1,500	50% 증가
기타 비용	−200	−400	100% 증가
영업외손익 합계	−700	−1,100	57% 증가
세전이익	**−9,300**	**1900**	−80% 감소
법인세	−2,800	−500	−82% 감소
당기순이익	**−6,500**	**1,400**	−79% 감소

손익계산서 읽기

이 기업은 가전제품을 제조하고 판매하는 중소기업으로, 2022년과

2023년 동안 다양한 전략적 변화와 외부 요인에 따라 재무성과가 달라졌습니다.

2023년 A기업의 매출은 1,200억 원으로 전년보다 20% 증가했습니다. 신제품 출시와 적극적인 마케팅이 성과를 낸 결과입니다. 하지만 매출원가가 25% 증가하며 원가 부담이 더 크게 작용했습니다. 원자재 가격 상승, 인건비 인상, 물류비 증가가 동시에 영향을 미쳤기 때문입니다. 매출은 늘었지만 비용 증가 폭이 더 커 매출총이익률은 오히려 하락했습니다.

영업비용 또한 전반적으로 상승했습니다. 급여, 임대료, 연구개발비 등 주요 항목이 모두 늘었고, 특히 마케팅 비용은 전년의 두 배 수준으로 증가했습니다. 이는 신제품 홍보와 브랜드 인지도 강화를 위한 전략적 지출로 볼 수 있습니다. 연구개발비 역시 50% 늘었는데, 단기적인 이익보다는 장기적인 기술 경쟁력 확보에 중점을 둔 결과입니다.

이처럼 비용이 빠르게 늘어나면서 영업이익은 70% 가까이 감소했습니다. 영업이익은 기업이 본업을 통해 얼마만큼의 실질적 이익을 내고 있는지를 보여주는 핵심 지표이므로, 이는 영업 효율성 측면에서 경고 신호로 해석할 수 있습니다.

한편, 영업 외 손익은 자산 처분이익의 증가로 인해 일부 긍정적인 효과가 있었지만, 전체 매출 대비 비중은 약 1% 수준에 그쳤습니다. 따라서 기업의 수익 구조 전반에 큰 영향을 주지는 않았습니다.

결과적으로 세전이익은 93억 원에서 19억 원으로, 당기순이익은 65억 원에서 14억 원으로 감소했습니다. 매출이 늘었음에도 순이익이 줄어든 이유는 매출 성장 속도보다 비용 상승 속도가 훨씬 빨랐기 때문입니다. 이는 비용 관리가 매출 성장만큼 따라가지 못했다는 의미이기도 합니다.

　　요약하면, A기업은 외형 성장에는 성공했지만 수익성 면에서는 다소 후퇴했습니다. 단기 투자로는 부정적입니다. 다만 연구개발과 마케팅 확대는 미래 성장을 위한 투자로 볼 수 있으므로, 단기적 수익성 악화를 감내하더라도 장기적인 관점에서는 긍정적일 수 있습니다. 투자자는 앞으로 이 기업의 투자가 향후 매출과 이익 성장으로 이어질 수 있을지 잘 판단한 후에 투자해야 할 것입니다.

기업의 생존 능력을 알 수 있는 숫자들
: 현금흐름표

현금흐름표는 일정 기간 동안 기업이 실제로 얼마의 현금을 벌고, 어디에 사용했는지를 보여주는 재무제표입니다. 쉽게 말해 기업의 '통장 거래 내역서'에 해당합니다. 손익계산서가 '이익'을 보여준다면, 현금흐름표는 실제 '현금의 흐름'을 보여주는 자료입니다. 기업이 아무리 이익을 많이 내더라도 현금이 부족하면 부채를 갚지 못하거나 운영에 차질이 생길 수 있습니다. 따라서 현금흐름표는 기업의 실질적인 재무 체력과 생존 능력을 파악하기 위한 가장 현실적인 자료입니다.

<u>**현금흐름표의 구성 요소**</u>

현금흐름표는 크게 세 가지 활동으로 구성됩니다.

1. 영업활동 현금흐름Operating Cash Flow

기업의 본업, 즉 상품 판매나 서비스 제공 등 핵심 사업 운영에서 발생한 현금의 유입과 유출을 보여줍니다. 예를 들어 제품 판매 대금 수취, 인건비·임대료·광고비 등 영업비용 지급이 여기에 해당합니다. 영업활동 현금흐름이 꾸준히 플러스(+)라면, 기업이 본업을 통해 안정적으로 현금을 창출하고 있다는 뜻입니다.

2. 투자활동 현금흐름Investing Cash Flow

건물, 기계, 장비 등의 고정자산을 구입하거나 처분할 때 발생하는 현금의 흐름입니다. 또한 타 기업의 주식·채권 투자나 회수도 포함됩니다. 이 항목을 보면 기업이 미래 성장을 위해 얼마나 적극적으로 투자하고 있는지를 알 수 있습니다.

3. 재무활동 현금흐름Financing Cash Flow

자본 조달 및 상환과 관련된 현금의 흐름을 의미합니다. 주식 발행, 차입금 조달 및 상환, 배당금 지급, 자사주 매입 등이 포함됩니다. 재무활동 현금흐름을 통해 기업이 자금을 어떻게 조달하고, 부채를 어떤 방식으로 관리하는지 파악할 수 있습니다.

- **A기업의 현금흐름표(단위: 백만 원)**

2022년	2023년
영업활동	
매출에서 발생한 현금: 10,000 급여 및 기타 운영비용: −5,000 순 영업활동 현금흐름: 5,000	매출에서 발생한 현금: 12,000 급여 및 기타 운영비용: −6,000 순 영업활동 현금흐름: 6,000
투자활동	
새로운 기계 및 장비 구매: −2,500 오래된 기계 판매: 500 순 투자활동 현금흐름: −2,000	새로운 기계 및 장비 구매: −3,500 오래된 기계 판매: 500 순 투자활동 현금흐름: −3,000
재무활동	
은행 대출: 2,000 배당금 지급: −1,000 순 재무활동 현금흐름: 1,000	은행 대출 상환: −500 배당금 지급: 0 순 재무활동 현금흐름: −500
현금 및 현금성 자산의 순증감 4,000	현금 및 현금성 자산의 순증감 2,500

투자자의 시선에서 A기업의 현금흐름을 다시 읽어보면, 이 회사가 한 해 동안 어떤 선택을 했고 그 결과 재무 체력이 어떻게 달라졌는지가 자연스럽게 드러납니다. 숫자는 단순한 합계가 아니라 경영 판단의 방향을 보여주는 흔적입니다.

현금흐름표 읽기

2023년 A기업의 영업활동 현금흐름은 60억 원으로 전년 대비 10억 원 늘었습니다. 매출이 증가했고 비용 관리가 개선되면서 본업이 만들어내는 현금의 힘이 더 강해졌다는 뜻입니다. 기업의 체력은 결국 영업에서 벌어들이는 현금에서 나오기 때문에, 이 증가분은 매우 긍정적인 신호입니다. 단순히 이익이 늘어난 것이 아니라 실제 현금이 들어왔다는 점에서 더 의미가 큽니다.

반면 투자활동에서는 2022년 −20억 원에서 2023년 −30억 원으로 유출 규모가 더 커졌습니다. 새로운 기계와 장비 구매에 투자가 확대된 영향입니다. 겉으로 보면 현금이 많이 빠져나간 것처럼 보이지만, 생산 능력 확대나 효율성 개선을 위한 장기 투자라면 이는 비용이 아니라 미래 성장을 위한 선제적 지출로 해석할 수 있습니다. 투자 규모가 늘었다고 해서 무조건 위험 신호인 것은 아니며, 이 자금이 어떤 목적을 향하고 있는지가 중요합니다. A기업의 경우 기존 설비 매각을 통해 일부 자금을 회수했지만 전체적으로는 성장을 위한 확장 투자가 더 크다는 점이 드러납니다.

재무활동에서는 2022년 +10억 원에서 2023년 −5억 원으로 전환되었습니다. 전년에는 은행 대출을 늘려 자금을 조달했지만, 2023년에는 오히려 이를 상환하면서 외부 차입 의존도를 낮추는 방향으로 움직였습니다. 본업에서 벌어들인 현금이 늘어난 만큼 굳이 빚을 유지할 필요가 없다고 판단했을 가능성이 큽니다.

이렇게 세 가지 활동의 변화를 합산하면, 2023년의 현금 순증감은 +25억 원으로 전년(+40억 원)보다 줄었습니다. 현금이 덜 늘어난 이유는 투자 확대와 차입금 상환 때문입니다. 하지만 영업에서의 현금 창출력이 더 강해졌고, 그 힘을 기반으로 미래 성장을 위한 투자와 재무 구조의 안정화를 동시에 진행했다는 점에서 전반적인 흐름은 긍정적으로 평가할 수 있습니다.

이런 관점에서 A기업의 현금흐름표를 정리하면 다음과 같은 해석이 가능합니다. 본업의 힘은 강화됐고 성장 투자는 확대됐으며 빚은 줄어드는 방향으로 관리되고 있다. 단기 현금 보유량만 보면 작아진 것처럼 보이지만, 이런 흐름을 이어간다면 중장기적으로는 더 탄탄한 현금흐름과 성장 기반을 갖춘 기업으로 자리 잡을 가능성이 높습니다.

<h1 style="text-align:center"><u>재무상태표 관련 영어 용어</u></h1>

1. Assets(자산)

① Current Assets(유동자산)
- Cash and cash equivalents(현금 및 현금성 자산)
  현금 또는 즉시 현금으로 바꿀 수 있는 자산(예: 은행 예금, 단기 국채 등)
- Restricted cash(제한된 현금): 특정 목적에 쓰기 위해 사용이 제한된 현금
  Investment securities(투자자산) / Short term investments(단기 투자자산) / Marketable securities(시장성 있는 증권) / Equity securities(주식 및 기타 투자자산)
- Accounts receivable(매출채권): 고객에게 판매한 상품이나 서비스에 대한 미수금
- Inventories(재고자산): 판매를 위해 보유하고 있는 제품이나 원재료
- Prepaid expenses(선급비용): 미래의 비용을 미리 지불한 금액
- Other current assets(기타 유동자산): 그 외의 다양한 유동 자산

② Non-current Assets(비유동자산)
- Property, plant and equipment(유형자산): 장기간 사용되는 물리적 자산(예: 건물, 기계).
- Goodwill(영업권): 기업 인수 시 발생하는 무형 자산
- Intangible assets(무형 자산): 물리적 형태가 없는 자산(예: 특허, 상표)
- Other Long-term assets(기타 비유동자산): 그 외의 다양한 비유동자산
- Deferred tax assets(이연법인세자산): 회사가 현재 더 많이 세금을 납

부했거나 특정 회계 규정으로 인해 미래에 환급받을 수 있는 세금
- Operating lease right-of-use assets(사용권 자산): 리스 계약을 통해 사용하는 자산
- Investments in equity-method affiliates(지분법 투자자산): 다른 기업의 지분을 20% 이상 소유하고 있는 투자자산
- Equity investments/ Equity securities/ Marketable securities (주식 투자/ 시장성 있는 증권)
- Non-marketable equity securities(비시장성 주식 투자): 쉽게 현금화할 수 없는 주식 투자자산

2. Liabilities (부채)

① Current Liabilities (유동부채)
- Accounts Payable(매입채무): 상품이나 서비스를 구매한 후 아직 지급하지 않은 금액
- Accrued expenses(미지급 비용): 이미 발생했지만 아직 지급되지 않은 비용
- Accrued compensation (payroll) and benefits(미지급 임금 및 복리후생비): 지급 예정인 임금 및 복리후생비
- Deferred revenue/ Unearned revenue(이연 수익/ 선수 수익): 기업이 고객으로부터 현금을 받았지만, 아직 그에 상응하는 상품이나 서비스를 제공하지 않은 경우에 발생하는 미실현 수익
- Other current liabilities(기타 유동 부채): 그 외의 다양한 유동 부채
- Income tax payable/ Short term income taxes(법인세 납부액/ 단기 법인세 부채): 납부해야 할 법인세
- Current maturities of debt/ Current portion of Long term debt(단기 부채/장기 부채의 현재 부분): 단기적으로 상환해야 할 부채

- Short term debt/ Current bank borrowings(단기 차입금): 단기 적으로 상환해야 할 은행 차입금
- Current portion of Operating Lease liability(운용 리스 부채의 현재 부분): 단기적으로 상환해야 할 운용 리스 부채

② Noncurrent Liabilities (비유동부채)

- Deferred income taxes/ Deferred tax liabilities(이연법인세부채): 미래에 납부해야 할 세금
- Deferred revenue/ Unearned revenue(이연 수익/ 선수 수익): 기업이 고객으로부터 현금을 받았지만, 아직 그에 상응하는 상품이나 서비스를 제공하지 않은 경우에 발생하는 미실현 수익.
- Other Long term (non-current) liabilities(기타 비유동부채): 그 외의 다양한 비유동부채
- Pension and other postretirement benefits(퇴직급여충당부채): 퇴직 후 지급할 연금 및 기타 복리후생
- Income taxes payable, non-current/ Long term income taxes(장기 법인세 부채): 장기적으로 납부해야 할 법인세 부채
- Long term debt/ Non-current bank borrowings(장기 차입금): 장기적으로 상환해야 할 부채
- Operating lease liability(운용 리스 부채): 장기적으로 상환해야 할 운용 리스 부채

3. Equity (자본)

- Preferred Stock(우선주): 배당금 지급 우선권이 있는 주식(회사가 청산될 경우 보통주보다 먼저 자산을 분배받을 수 있음)
- Common Stock(보통주): 일반적인 주식. 발행된 주식의 액면가 부분

- **Additional Paid-In Capital(추가납입자본)**: 주식을 액면가 이상으로 발행했을 때 발생하는 초과금액.
- **Accumulated Other Comprehensive Income/ (loss) (기타포괄손익누계액)**: 아직 실현되지 않은 기타포괄손익(예: 보유중인 투자자산에서 발생한 이익 등)
- **Retained Earnings(Accumulated Deficit) (이익잉여금/ 결손금)**: 기업이 발생시킨 순이익 중 배당금으로 지급하지 않고 재투자하거나 유보한 금액
- **Treasury stoc (자기주식)**: 유통되고 있는 주식을 기업이 매입한 부분 (자본에서 차감됨)

손익계산서 관련 영어 용어

- **Revenue(매출)**: 기업이 제품이나 서비스를 판매하여 얻은 총 수익
- **Cost of goods sold/Cost of revenue(매출원가)**: 제품을 생산하거나 제공하는 데 소요된 직접 비용

Gross margin/Gross profit(매출총이익): 매출에서 매출원가를 뺀 이익.

- **General and Administrative Expenses(일반관리비)**: 관리 및 행정 업무에 관련된 비용
- **Research and development(연구개발비)**: 신제품 개발 및 연구를 위한 비용
- **Advertising and Marketing Expenses(광고선전비)**: 제품이나 서비스의 판매 촉진을 위한 비용

- Depreciation and amortization(감가상각비 및 상각비): 자산의 가치 감소를 회계적으로 반영한 비용
- Provision for litigation(소송비용 충당금): 법적 분쟁에 대비해 설정한 비용
- Impairment of goodwill(영업권 손상): 기업의 영업권 가치가 하락한 것을 반영한 손실
- Restructuring and impairment charges(구조조정 및 손상처리 비용): 기업의 구조조정과 관련된 비용 및 자산의 가치 하락 반영
- Total Operating Expenses(영업비용): 기업의 일상적인 운영과 관련된 비용

Operating Income(영업이익): 매출총이익에서 영업비용을 뺀 이익.

- Interest expense(이자비용): 차입금에 대한 이자비용
- Interest income(이자수익): 자산에서 발생한 이자 수익
- Investment income(expense) (투자수익 (손실)): 투자에서 발생한 수익 또는 손실
- Gains (losses) on equity investments, net(지분 투자에서의 손익, 순액): 지분 투자에서 발생한 순손익
- Other income (expense), net(기타 수익 (비용), 순액): 주요 영업 외에서 발생한 기타 수익 또는 비용
- Total Non-operating income(expense) (영업외손익): 투자 및 재무활동 관련 손익.

Earnings before income taxes(세전 순이익): 세금을 차감하기 전의 순이익

Income tax expense(법인세비용): 기업이 납부해야 할 세금 비용

Net Income(순이익): 세금 차감 후의 최종 순이익

현금흐름표 관련 영어 용어

1. Cash Flow from Operating Activities (영업활동 현금흐름)
- Net Income: 순이익

① Adjustments to reconcile net income to cash generated by operating activities: 비현금항목 조정분
- Depreciation and amortization: 감가상각비 및 무형자산상각비
- Stock-based compensation expense: 주식보상비용
- (Gain) loss on debt and equity securities, net: 투자자산의 평가손익

② Changes in operating assets and liabilities: 운전자본 조정분
- Accounts receivable, net: 매출채권
- Inventory: 재고자산
- Accounts payable: 매입채무
- Income taxes, net: 법인세
- Other assets: 기타 자산
- Accrued expenses and other liabilities:미지급 비용 및 기타 부채
- Deferred revenue: 이연 수익

2. Cash Flow from Investing Activities (투자활동 현금흐름)

① Outflow 현금유출

- Purchases of investments/ Purchases of marketable securities/ Purchases of marketable debt securities/ Purchases of non-marketable securities: 투자자산의 구입
- Additions to property, plant and equipment / Capital expenditure/ Payments for acquisition of property, plant and equipment: 유형자산 추가/자본지출
- Acquisitions, net of cash acquired/ Acquisitions of businesses and intangible assets: 인수 및 무형자산 취득
- Purchases of other investments: 기타 투자자산 구입
- Purchases of investments in non-consolidated affiliates: 비지배 지분 투자 매입
- Purchases of equity securities: 지분 증권 구입

② Inflow 현금유입

- Sales of investments/ Proceeds from sales of marketable securities: 투자자산의 매각
- Maturities and calls of investments/ Proceeds from maturities of marketable securities/ Maturities and sales of non-marketable securities: 투자자산의 만기 도래
- Proceeds from dispositions/Proceeds from disposal of property and equipment/ Proceeds relating to property and equipment : 자산 매각 대금

3. Cash Flow from Financing Activities (재무활동 현금흐름)

① Outflow: 현금유출
- Repayments of Long-term debt: 장기채무 상환
- Repayments of Short-term debt: 단기채무 상환
- Cash dividends paid/ Payments for dividends and dividend equivalents: 배당금 지급
- Repuchase of Common stock/ Repurchases of stock: 자사주 매입

② Inflow: 현금유입
- Proceeds from issuance of Long-term debt: 장기채무 발행
- Proceeds from issuance of Short-term debt: 단기채무 발행
- Proceeds from issuance of senior notes: 선순위채권 발행
- Cash proceeds from exercise of stock options: 주식옵션행사로 인한 현금유입
- Proceeds from issuance of common stock: 보통주 발행 대금

미국 기업의 재무제표 어디서 볼 수 있나요?

1. 기업 공식 홈페이지를 통한 확인

대부분의 미국 기업은 투자자 관계(Investor Relations, IR) 부서 페이지를 통해 재무 보고서를 공개합니다.

– 경로: 기업 공식 홈페이지 접속 → 메뉴에서 'Investor Relations' 또는 'IR' 찾기 → 'Financials', 'Annual Reports(연차 보고서)', 또는 'SEC Filings(SEC 제출 자료)' 섹션에서 확인할 수 있습니다.

– 제공 자료: 일반적으로 연간 보고서(10-K), 분기 보고서(10-Q), 그리고 가장 최근의 재무제표(Financial Statements)를 PDF 형태로 제공합니다.

2. SEC(미국 증권거래위원회) 홈페이지를 통한 확인(EDGAR 시스템)

미국 상장 기업은 법적으로 모든 주요 재무 정보를 SEC에 제출해야 합니다. 투자자들은 SEC의 EDGAR(Electronic Data Gathering, Analysis, and Retrieval) 시스템을 통해 해당 자료들을 무료로 확인할 수 있습니다.

– 장점: 기업이 직접 제공하는 자료보다 더 정형화되어 있고, 모든 기업의 자료를 일관된 형식으로 찾아볼 수 있어 비교가 용이합니다.

– 핵심 서류:

　10-K: 기업의 연간 사업 및 재무 보고서(가장 상세한 재무제표 포함).

　10-Q: 기업의 분기별 재무 보고서(덜 상세하지만 최신 정보 포함).

　8-K: 기업의 중요 이벤트 발생 시 제출하는 임시 보고서 (예: 인수합병, 주요 경영진 변동 등).

대부분의 투자자는 기업 홈페이지의 IR 자료를 참고하는 동시에, EDGAR 시스템을 이용해 공식적인 10-K 및 10-Q 보고서를 교차 확인합니다.

3. 해외 웹사이트

– 마켓워치(www.marketwatch.com)

　: 금융 정보 웹사이트로, 미국주식 시장과 관련된 다양한 뉴스와 데이터를 실시간으로 제공합니다.

– 하우 데이 메이크 머니(www.appeconomyinsights.com)

: 미국 기업 재무제표의 복잡한 지표와 숫자들을 심플한 마인드맵으로 정리해주는 사이트입니다.

– 구루포커스 (www.gurufocus.com)

구루포커스에서는 기업의 재무제표는 물론, 이름에서 알 수 있듯 유명한 투자 대가들(워런 버핏, 레이 달리오 등, 이들을 '구루'라고 칭함)의 투자 전략과 그들이 보유한 포트폴리오 정보를 추적하며, 기업의 펀더멘털과 장기적 가치를 평가하는 데 필요한 상세 데이터를 제공합니다.

– 스톡로우(stockrow.com)

화면 상단 검색창에 기업의 티커나 이름을 입력합니다. Business Profile(기업 개요)부터 Analyst Commentary(애널리스트 의견), Income Statement(손익계산서), Balance Sheet(재무상태표), Cash Flow(현금흐름표), 10-Q(분기보고서)와 10-K(연간보고서)까지 대부분의 재무 정보들을 확인할 수 있습니다. 특히 과거 10년 치 재무제표와 실적을 볼 수 있다는 것이 이 사이트의 가장 큰 장점입니다.

* 직접 계산하기 어려운 ROIC 쉽게 찾는 법

ROA, ROE는 쉽게 확인할 수 있으나 ROIC 지표는 찾기 어렵고 그렇다고 초보자가 직접 계산하는 것은 더 어려운 일입니다. ROIC를 바로 확인할 수 있는 방법을 알려 드릴게요. 가장 쉬운 방법은 검색창에 검색하는 것입니다.

1. 인터넷 포털 사이트에서 검색하기

– 네이버나 구글 검색창에 회사명과 ROIC를 함께 입력해 검색하는 것이 가장 편리하고 빠른 방법입니다. 네이버의 경우 웹페이지 이동 없이 바로 관련 정보를 요약해 알려주기도 합니다. 네이버에서 팔란티어를 검색하면 오른쪽과 같은 화면이 뜹니다.

– 구글에서 검색하면 해당 정보를 알려주는 사이트가 나타납니다. 애플의 ROIC가 궁금해서 'Apple ROIC'를 검색했더니 위에서 소개한 구루포커스 사이트의 해당 화면 링크를 알려주었습니다. 손쉽게 찾아 들어갈 수 있습니다.

2. 국내 증권사의 해외주식 리포트 활용

국내 많은 증권사들이 해외주식 관련 투자 정보와 리서치 리포트를 발행하고 있습니다. 대부분은 '투자 정보 > 리서치 리포트 > 해외주식'의 경로로 쉽게 확인할 수 있습니다.

예) 네이버페이 증권

해외증시 > 검색창에 종목명 입력 > 재무 탭에서 대부분의 재무 정보가 설명되어 있으며 ROIC 계산을 위한 정보가 있습니다.

예) 야후파이낸스

검색창에 기업 이름 검색 후 왼쪽의 'Financials'을 통해 재무제표를 확인할 수 있습니다. 이밖에 실시간 시세와 차트, 관련 뉴스 등 기업에 대한 다양한 정보를 제공하고 있으니 자주 들어가서 살펴보기에 좋은 사이트입니다.

3. 파이낸스차트닷컴(www.financecharts.com)

검색창에서 기업명을 검색합니다.

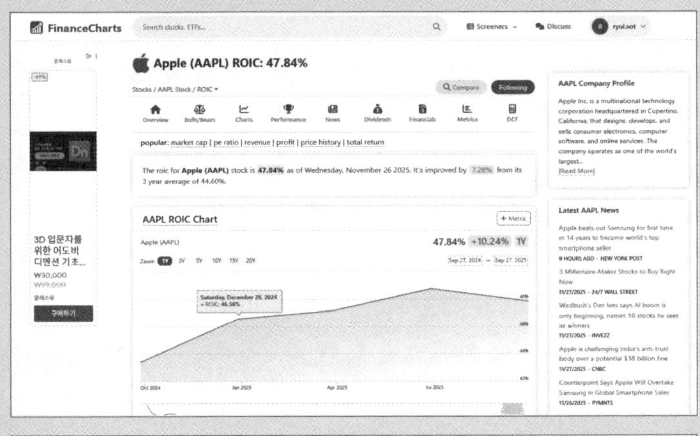

해당 페이지에서 스크롤을 밑으로 내리면 'AAPL Competitors', 'Key Metrics', 'Valuation Charts', 'Performance Charts' 등 다양한 차트를 볼 수 있습니다. Performance Charts에서는 ROA, ROE, ROIC 지표를 확인할 수 있습니다. (간단한 이메일 로그인이 필요한 웹사이트입니다.)

4. 초이스스탁(www.choicestock.co.kr) – 한글 검색 가능

가입을 하면 더 많은 리포트를 볼 수 있지만 가입을 하지 않아도 재무제표 및 투자지표 같은 기본 정보들을 볼 수 있습니다. 초이스스탁 홈페이지에서 종목을 검색하면 '재무' 탭에서 재무제표, 재무차트, 투자지표를 비롯해 다양한 정보를 쉽게 확인할 수 있습니다. ROIC는 투자지표 탭에서 확인할 수 있습니다.

2장

기업의
돈 버는 능력을
확인하라

5.

주가는 결국
기업의 실적을 따라간다

"장기적으로 위대한 기업은
자본 효율성이 높은 기업이다."

– 리 루 Li Lu

기업의 돈 버는 능력은 단순히 매출을 올리는 것에 그치지 않습니다. 진정한 의미에서 기업이 돈을 번다는 것은 효율적으로 비용을 통제하고, 지속적인 수익성을 확보하며, 궁극적으로 순이익을 극대화하는 과정을 의미합니다. 조금 더 구체적으로 보자면, 기업의 돈 버는 힘은 매출, 비용 관리, 이익률, 자본 효율성 등 여러 요소가 어우러져 결정됩니다. 아무리 매출이 높아도, 비용이 너무 많이 들어가면 실제로 남는 돈은 적을 수밖에 없습니다. 결국 '돈을 잘 버는 기업'이란 ①매출을 안정적으로 늘리고, ②불필요한 지출을 줄이며, ③꾸준히 영업이익과 순이익을 만들어내는 기업을 말합니다.

간단한 예를 들어볼까요? A기업과 B기업이 모두 매출 1,000억 원을 올렸다고 가정해 봅시다. A기업은 원가와 운영비를 잘 관리해서 200억 원의 순이익을 냈고, B기업은 마케팅 비용이 너무 커서 순이익이 50억 원에 그쳤습니다. 두 기업의 매출은 같지만, 실제로 남는 돈의 차이는 네 배나 납니다. 이처럼 매출 규모만으로는 기업의 진짜 '돈 버는 능력'을 알 수 없습니다. 결국 투자자는 그 기업이 얼마나 효율적으로 이익을 만들어내는가에 주목해야 합니다.

이런 수익성은 숫자로도 확인할 수 있습니다. 대표적인 지표로는 투하자본이익률ROIC, 영업이익률, 순이익률 등이 있습니다. 이 지표들이 꾸준히 양호한 기업은 자본을 잘 활용해 이익을 내고 있다는 뜻이죠. 장기적으로 이런 기업들이야말로 시장에서 꾸준히 성장하며 투자자들에게도 더 큰 신뢰와 수익을 안겨줍니다.

▶ 주가는 무엇에 반응할까? ◀

주가는 기업의 실적과 시장의 기대감, 이 두 가지 요소에 의해 영향을 받습니다. 일반 투자자로서 기업의 실적은 재무제표를 공부하고 분석함으로써 어느 정도 이해할 수 있습니다. 하지만 시장의 기대감은 투자 심리, 금리 변화, 거시경제 상황, 산업 전망, 정부 정책, 글로벌 경제 환경 등 수많은 요인에 의해 달라지기 때문에 이를 완벽히 예측하기란 쉽지 않습니다.

예를 들어, 기업이 실적을 발표했을 때 이익이 증가했더라도 시장의 기대치를 충족하지 못하면 주가는 오히려 하락할 수 있습니다. 반대로, 실적이 다소 부진해도 시장이 미래 성장 가능성을 높게 평가하면 주가는 상승할 수도 있습니다. 이는 주가가 단순한 숫자가 아닌, 시장 참여자들의 심리와 기대가 반영된 결과임을 보여줍니다.

애플이 분기 실적을 발표했다고 가정해 봅시다. 전년 대비 이익이 20% 증가했지만 시장은 30% 증가를 예상했다면, "기대에 못 미쳤다"는 평가로 인해 주가가 오히려 하락할 수 있습니다. 반대로 이익이 10% 줄었지만 시장은 30% 감소를 예상했다면, "예상보다 나았다"는 평가와 함께 주가가 상승할 수도 있습니다.

일반 투자자로서 시장의 기대감을 완전히 이해하는 것은 어려운 일입니다. 그러니 우리가 확실하게 분석할 수 있는 요소, 바로 기업의 실질적인 재무제표를 볼 줄 알아야 합니다. 재무제표를 분석하는 능력을 키우면 시장의 변동성에 휘둘리지 않고 보다 합리적인 투자 결정을 내릴 수 있는 능력을 갖게 됩니다.

▶ 기업 실적과 주가의 관계 ◀

결국 장기적으로 볼 때 주가는 기업의 실적을 따라갑니다. 기업의 이익이 꾸준히 늘어나면 투자자들은 그 기업의 가치를 높게 평가하고, 그에 따라 주가가 상승합니다. 반대로 실적이 악화되면 기업의 가치가 낮아지고, 주가 역시 하락하게 됩니다. 실제로 애플, 마이크로소프트 같은 기업들이 오랜 기간 주가 상승세를 이어온 이유도, 지속적으로 높은 수익성과 현금흐름을 유지해왔기 때문입니다.

다만, 단기적으로는 실적과 주가가 반드시 일치하지는 않습니다. 거시경제 요인(금리 인상, 경기 둔화, 환율 변동 등)이나 투자자 심리, 시장의 과도한 기대가 주가를 일시적으로 흔들 수 있습니다. 또, 일회성 이익이나 회계 상의 착시로 인해 실제보다 실적이 좋아보이는 경우도 있기 때문에 단순히 숫자만 보고 판단하기보다는, 그 이익이 얼마나 지속 가능한가를 함께 살펴야 합니다.

이런 이유로 장기 투자에서는 단기 실적의 변동보다, 기업이 경기와 환경 변화 속에서도 이익을 만들어낼 수 있는 구조를 갖추고 있는지 여부를 판단하는 것이 더 중요합니다.

▶ 재무제표로 기업의 수익성 분석하기 ◀

기업의 돈 버는 능력을 구체적으로 파악하려면 재무제표를 읽는 것이 가장 확실한 방법입니다. 특히 손익계산서, 재무상태표, 현금흐름표 이 세 가지를 함께 분석하면 기업의 수익성과 안정성을 입체적으로 이해할 수 있습니다.

1. 손익계산서 Income Statement

일정 기간 동안의 수익과 비용을 나타냅니다. 매출액은 기업의 총 수익을 보여주고, 영업이익은 매출에서 영업비용(매출원가, 판관비 등)을 차감한 금액을 나타냅니다. 또한, 순이익은 모든 비용(이자비용, 세금 등)을 제외하고 최종적으로 남는 이익을 나타냅니다.

2. 재무상태표 Balance Sheet

기업의 자산, 부채, 자본 구조를 보여줍니다. 부채비율이 높거나 유동성이 부족하면 기업의 재무 안정성이 낮아져 수익성이 악화될 가능성이 있습니다.

3. 현금흐름표 Cash Flow Statement

기업이 실제로 현금을 어떻게 창출하고 사용하는지를 나타냅니다. 특히 영업활동 현금흐름 Operating Cash Flow, OCF이 꾸준히 플러스(+)를 유지하며 상승하는 기업은 수익성이 우수한 기업으로 평가됩니다.

투자자는 단기적인 주가 변동에 일희일비하기보다, 기업의 돈 버는 구조와 이익의 지속성에 집중해야 합니다. 기업이 꾸준히 안정적인 이익을 창출하고, 그 이익을 바탕으로 자본을 효율적으로 운용할 수 있다면, 주가는 결국 그 가치를 따라가게 됩니다. 즉, 재무제표를 통해 기업의 수익성을 분석하고, 그 안에서 진짜 성장 가능성을 찾아내는 것이 장기적인 투자 성공의 핵심입니다. 시장은 단기적으로는 기대에 흔들리지만, 장기적으로는 결국 이익을 따라간다는 사실을 기억하는 것이 좋습니다.

▶ 기업 투자에서 중요한 '투자 효율성' ◀

워런 버핏과 리 루가 기업을 평가할 때 가장 중요하게 본 것은 무엇일까요? 그들은 공통적으로 기업이 가진 '돈을 굴리는 효율성' 다시 말해 자본을 얼마나 잘 활용해 이익을 내는가에 주목했습니다.

워런 버핏의 투자 철학은 단순하면서도 강력한 원칙을 기반으로 합니다. 그중 하나가 바로 투하자본이익률 즉, ROIC^{Return on Invested Capital}를 중시하는 것입니다. ROIC는 기업이 투입한 자본을 얼마나 효율적으로 활용하여 수익을 창출하는지를 보여주는 지표로, 기업의 경쟁력과 장기적인 성장 가능성을 평가하는 데 매우 중요합니다. 버핏은 ROIC, 즉 자본 효율성이 높은 기업일수록 자원을 효과적으로 운용하고, 그 결과 지속적인 이익을 만들어낼 가능성이 크다고 봅니다.

같은 자본으로 더 많은 수익을 내는 기업은 스스로의 경쟁력을 강화하며 추가적인 부가가치를 창출할 수 있습니다. 결국 이런 기업은 장기적으로 주주에게 더 높은 수익을 돌려줄 가능성이 큽니다. 반대로, 자본 효율성이 낮은 기업은 자본을 비효율적으로 사용해 성장의 한계에 부딪히거나, 외부 차입에 의존할 위험이 커집니다.

결국 버핏이 기업을 볼 때 중점적으로 살피는 것은 단기적인 실적이나 시장 트렌드가 아니라, 그 기업이 자본을 얼마나 현명하게 사용하고 있는가입니다. 즉, 투자 효율성이 높은 기업일수록 꾸준한 수익을 내고, 장기적으로도 경쟁 우위를 유지할 수 있다고 판단한 것입니다.

리 루Li Lu 역시 같은 철학을 실천해온 대표적인 투자자입니다. 그는 찰리 멍거Charlie Munger의 오랜 파트너로, "장기적으로 위대한 기업은 자본 효율성이 높은 기업이다"라고 말합니다. 그의 관점에 따르면, 장기 투자자의 수익률은 결국 자신이 투자한 기업의 자본 효율성에 수렴합니다. 다시 말해, 투자자가 아무리 좋은 시점에 매수하더라도, 그 기업이 자본을 비효율적으로 굴리면 장기 수익률도 제한적일 수밖에 없습니다.

투자에서 가장 중요한 개념 중 하나가 복리입니다. 기업이 매년 평균 이상의 자본 효율성을 유지한다면, 그 이익이 다시 재투자되어 다음 해의 성장을 더욱 가속화합니다. 예를 들어, 어떤 기업이 매년 20% 수준의 투자 효율성을 유지한다면 10년 뒤에는 초기보다 6배 이상 성장할 수 있습니다. 이는 은행 예금의 복리 이자와 같은 원리로, '효율적으로 돈을 버는 기업'일수록 시간이 지날수록 성장 속도가 눈에 띄게 빨라진다는 의미입니다.

조금 더 쉬운 이해를 위해 예를 들어 보겠습니다. 두 곳의 커피숍이 있다고 가정해 봅시다.

A 커피숍

- 투자금: 1억 원 (머신, 인테리어, 원두 등)
- 연간 순이익: 2천만 원
- ROIC: 20% (2천만 원 ÷ 1억 원 × 100)

B 커피숍

- 투자금: 5천만 원
- 연간 순이익: 2천만 원
- ROIC: 40% (2천만 원 ÷ 5천만 원 × 100)

두 커피숍 모두 같은 2천만 원의 순이익을 올렸지만, B 커피숍은 절반의 투자금으로 같은 이익을 냈습니다. 즉, B 커피숍의 투자 효율성ROIC이 두 배 더 높습니다. 투자자의 관점에서 본다면 당연히 B 커피숍에 투자해야겠죠.

요약하자면, 기업의 투자 효율성은 그 기업의 장기 성장성과 주가 상승 가능성을 예측하는 가장 신뢰할 만한 지표입니다. 단기적으로는 시장의 유행이나 주가 변동이 투자자의 눈을 혼란스럽게 만들 수 있지만, 시간이 지나면 결국 자본을 현명하게 굴린 기업이 꾸준히 이익을 내고, 그 이익이 복리처럼 쌓여 투자자의 수익으로 돌아오게 되니까요.

워런 버핏과 리 루가 강조한 것처럼, 돈을 효율적으로 굴리는 기업에 투자하는 것이야말로 가장 단순하고도 강력한 투자 원칙입니다. 결국 장기적으로 승리하는 기업은 '얼마나 크게 버는가'가 아니라 '얼마나 똑똑하게 버는가'를 증명해내는 기업입니다.

투하자본수익률(ROIC)의 이해

투하자본수익률은 기업의 핵심 영업활동에서 발생하는 실질적인 수익성을 측정하는 중요한 지표입니다. 이 지표는 기업이 본질적인 사업 운영을 통해 얼마나 효율적으로 이익을 창출하는지를 보여줍니다. 다른 일반적인 수익성 지표들이 핵심 영업활동과 부수적인 활동의 성과를 구분하지 않고 혼합하여 보여주는 반면, 투하자본수익률은 순수하게 기업의 핵심 영업활동의 성과만을 측정합니다.

투하자본수익률(ROIC)은 다음과 같은 공식으로 계산됩니다.

투하자본수익률(ROIC) = 세후영업이익(NOPAT) / 투하자본(IC)

지표	설명
세후영업이익NOPAT(Net Operating Profit After Tax)	기업의 핵심 영업활동에서 발생한 이익에서 세금을 차감한 금액을 의미합니다. **NOPAT = EBIT × (1 − 유효세율) ≒ 영업이익 − 법인세** EBIT(Earnings Before Interest and Taxes)는 기업의 수익성을 평가하는 중요한 재무 지표로, 이자비용과 법인세를 공제하기 전의 이익을 나타냅니다. 실무에서는 영업 외 수익이 크지 않은 기업의 경우, EBIT와 영업이익을 동일한 개념으로 사용하는 경우도 있습니다. 유효세율은 법인세 비용을 EBIT로 나누어 산출합니다.
투하자본IC(Invested Capital)	기업의 핵심 영업활동에 투입된 자원

투하자본수익률은 유용한 지표이지만 몇 가지 중요한 한계점이 있습니다. 가장 큰 한계는 계산 과정이 복잡하다는 점입니다. 정확한 투하자본수익률을 산출하기 위해서는 공시된 회계 정보를 면밀히 분석하고 재무제표 항목별로 세밀한 조정이 필요합니다. 회계

에 대한 전문 지식이 없으면 직접 계산하고 검증하기가 어렵습니다.

　또한, 투하자본수익률의 구체적인 계산 방법에 대한 통일된 기준이 없다는 것도 한계 점입니다. 계산하는 주체에 따라 동일한 기업의 투하자본수익률이 다르게 나타날 수 있습니다. 따라서 서로 다른 정보 제공 업체에서 산출한 투하자본수익률로 기업 간에 비교할 때는 주의가 필요합니다.

투하 자본(IC) 공식

아래 공식으로 계산된 투하 자본은 회사가 수익 창출을 위해 실제로 사용하는 자본의 양을 정확히 반영하여, ROIC 계산 시 더욱 정확한 수익률 측정이 가능하게 합니다.

> **투하 자본 = 총자산 − (매입채무 및 미지급비용) − (현금, 현금성자산, 단기매매증권 − max(0, 유동부채 − 유동자산 + 현금, 현금성자산, 단기매매증권))**

공식 분석

1. 시작점: 총자산(Total Assets)

회사가 보유한 모든 자산의 총합으로 시작합니다. 이는 유동자산과 비유동자산을 모두 포함합니다.

2. 무이자 부채의 차감: 매입채무 및 미지급비용

총자산에서 매입채무와 미지급비용을 차감합니다. 이들은 '무이자 부채(non-interest-bearing liabilities)'로, 사업 운영 과정에서 자연스럽게 발생하며 명시적인 자본 비용을 수반하지 않습니다. 이자비용이 발생하지 않는 부채는 실질적인 '투자'로 간주하지 않습니다. 이러한 부채는 '사업 운영에 필요한 자금'이라기보다 '사업 운영의 결과로 발생한 부채'로 볼 수 있습니다.

3. 초과 현금성 자산의 차감

마지막 항목은 사업 운영에 필요하지 않은 '초과 현금성 자산'을 제거하기 위한 것입니다. 투자 자본 계산의 목적은 '회사가 실제 사업 운영에 투입한 자본'을 측정하는 것입니다. 따라서, 사업 운영에 필요한 현금은 투자 자본에 포함되어야 합니다. 또한, 초과 현금 (운영에 필요하지 않은 여유 자금)은 투자 자본에서 제외해야 합니다.

> **초과 현금 = (현금, 현금성자산, 시장성 유가증권) − max(0, 유동부채 −
> 유동자산 + 현금, 현금성자산, 시장성 유가증권)**

1) 회사의 총 유동성 자산: (현금, 현금성자산, 시장성 유가증권)
이는 회사가 보유한 모든 현금과 즉시 현금화할 수 있는 자산의 총합입니다.

2) 운전자본 필요액 계산: max(0, 유동부채 − 유동자산 + 현금, 현금성자산, 시장성 유가증권)

이 부분은 운전자본 부족분(회사가 단기 의무를 충족하기 위해 필요한 현금)을 계산합니다. '유동부채 − 유동자산'은 기본적인 운전자본 부족액입니다. 여기에 + 현금, 현금성자산, 시장성 유가증권을 더하는 이유는 유동자산에 이미 현금성 자산이 포함되어 있기 때문입니다. 즉, 현금을 제외한 나머지 유동자산(재고, 매출채권 등)만으로 유동부채를 충당할 수 있는지 계산하는 것입니다.
max(0, …) 계산 결과가 마이너스일 경우 0으로 처리합니다. 마이너스는 현금 없이도 유동자산이 유동부채를 초과한다는 의미이므로, 운전자본 필요액은 0이 됩니다.

3) 초과 현금 계산: (현금, 현금성자산, 시장성 유가증권) − 운전자본 필요액 회사의 총 현금성 자산에서 운전자본에 필요한 금액을 차감하면 '초과 현금'이 계산됩니다. 이 초과 현금은 사업 운영에 필요하지 않은 자금으로, 투자 자본에서 제외됩니다.

* 공식 중 max는 괄호 안의 숫자들 중에서 가장 큰 값(Maximum)을 선택하라는 수학적 함수입니다. 예를 들어 'max(유동부채 − 유동자산 + 현금, 현금성자산, 단기매매증권)'이라는 표현은 0과 계산 결과 둘 중 더 큰 값을 선택하라는 의미입니다.

투자 효율성이 높은 기업 vs 낮은 기업

기업의 투자 효율성은 같은 자본으로 얼마나 많은 수익을 창출할 수 있는지를 보여줍니다. 즉, ROICReturn on Invested Capital, 투하자본수익률는 기업이 자본을 얼마나 현명하게 굴려 돈을 버는지를 나타내는 지표입니다. 이 수치가 높을수록 기업은 효율적으로 자본을 활용해 지속적인 이익을 만들어내는 구조를 가지고 있습니다.

1. 투자 효율성이 높은 기업의 특징

→ 적은 자본으로 높은 수익 창출

→ 강력한 브랜드 파워와 높은 진입 장벽

→ 효율적인 자본 운영 능력

투자 효율성ROIC이 높은 기업은 적은 자본으로도 높은 수익을 내는 능력을 갖추고 있습니다. 이는 높은 진입 장벽, 강력한 브랜드 파워, 그리고 효율적인 자본 운영 능력에서 비롯됩니다. 대표적인 예가 애플입니다. 애플은 상대적으로 낮은 제조비용으로 아이폰, 맥북, 아이패드 같은 고가 제품을 판매하며 높은 이익을 창출합니다. 또한 브랜드 충성도가 높아 마케팅 비용을 과도하게 지출하지 않아도 꾸준한 수요를 유지할 수 있습니다. 여기에 더해 애플은 하드웨어뿐 아니라 소프트웨어와 서비스(앱스토어, 애플 뮤직, 아이클라우드 등)에서도 반복적인 수익을 올리고 있습니다. 이처럼 한 번 구축한 생태계 안에서 여러 수익원이 함께 작동하기 때문에, 추가적인 비용 없이도 안정적인 현금흐름을 만들어냅니다. 이런 구조 덕분에 애플은 오랜 기간 ROIC 지표가 매우 높은 기업으로 평가받고 있습니다.

2. 자본 효율성이 낮은 기업의 특징

→ 많은 자본 투자가 필요함

→ 경쟁이 치열하고 마진이 낮음

→ 높은 고정비 지출

반대로 투자 효율성이 낮은 기업은 많은 자본을 투자해야 하지만, 그에 비해 수익 창출 능력이 떨어지는 경우를 말합니다. 이런 현상은 경쟁이 치열하거나, 마진율이 낮고, 고정비가 큰 산업에서 자주 나타납니다.

항공 산업이 대표적입니다. 항공사는 비행기를 구입하는 데 막대한 자본이 필요하고, 이후에도 정비비, 연료비, 인건비 등 지속적인 고정비가 발생합니다. 그러나 항공권 가격은 경쟁사의 가격에 민감하게 반응해 쉽게 인상하기 어렵고, 경기 침체나 유가 상승, 환율 변동에도 영향을 크게 받습니다. 승객 수요가 줄면 고정비를 감당해야 하기 때문에 수익성이 급격히 악화될 위험이 큽니다. 이런 이유로 항공업은 일반적으로 자본 효율성이 낮은 산업으로 평가됩니다.

이처럼 기업의 투자 효율성은 단순한 매출 규모나 순이익보다 더 깊은 의미를 갖습니다. 매출이 늘어나더라도 자본을 비효율적으로 사용한다면, 주주에게 돌아가는 실제 이익은 그만큼 줄어듭니다. 반대로 같은 매출이라도 자본을 효율적으로 운용해 높은 수익률을 유지하는 기업은 장기적으로 주주가치와 기업 가치를 함께 높여갑니다.

따라서 투자자는 기업을 평가할 때 단기적인 실적이나 성장률만 볼 것이 아니라, 그 기업이 투자 자본을 얼마나 효율적으로 활용하고 있는가를 반드시 살펴야 합니다. 투자 효율성이 지속적으로 높은 기업은 불황에도 견고한 이익 구조를 유지하고, 복리 효과처럼 시간이 지날수록 경쟁력을 강화합니다. 반면, 투자 효율성이 낮거나 지속적으로 하락하는 기업은 산업 구조가 비효율적이거나, 사업 모델 자체에 근본적인 한계가 있을 가능성이 높습니다.

결국 ROIC는 기업의 근본적인 체력을 보여주는 지표이자, 장기 투자에서 가장 중요한 판단 기준 중 하나라고 말할 수 있습니다. 같은 금액을 투자하더라도 효율적으로 돈을 굴릴 수 있는 기업에 투자하는 것이야말로, 시간이 지날수록 가치가 커지는 투자를 실현하는 길입니다.

ROIC 지표는 어떻게 활용해야 할까?

투자는 단순히 기업의 매출이나 순이익만 보고 판단해서는 안 됩니다. 매출이 증가하더라도 자본을 비효율적으로 사용한다면 주주들에게 돌아가는 실질적인 이익은 적을 수 있습니다.

따라서 투자할 기업을 선택할 때는 ROIC가 지속적으로 높은 기업을 찾는 것이 중요합니다. 높은 ROIC를 유지하는 기업은 장기적으로 주주가치가 증가할 가능성이 크며, 시장 경쟁에서도 우위를 점할 가능성이 높습니다. 반대로, ROIC가 낮거나 지속적으로 하락하는 기업이라면 비즈니스 모델이 비효율적이거나, 산업 자체가 낮은 수익성을 가지고 있을 가능성이 크므로 신중한 접근이 필요합니다.

기업의 ROIC를 확인하는 방법은 다음 장에서 더 자세히 살펴보겠습니다.

6.

기업의 진짜 실력을 보여주는 3가지 숫자

"장기 투자에
가장 중요한 요소 중 하나는
경쟁력 있는 기업을 찾는 것이다."

기업의 재무 상태와 수익성을 평가하는 데 있어 ROE자기자본이익률, ROA총자산이익률, ROIC투하자본수익률는 핵심적인 지표입니다. 이들 지표는 기업의 수익 창출 능력을 다양한 관점에서 분석할 수 있도록 돕습니다. 이번 장에서는 이러한 각 지표의 개념과 장단점, 활용법을 설명하고, 서로 비교하여 어떤 상황에서 적절하게 사용할 수 있는지를 알아보겠습니다.

▶ ROE Return on Equility, 자기자본이익률란 무엇인가 ◀

ROE는 기업이 주주로부터 조달한 자기자본을 활용하여 얼마나 효율적으로 이익을 창출했는지를 보여주는 지표입니다. 계산 방법은 다음과 같습니다.

$$ROE = (순이익/자기자본) \times 100$$

예를 들어, 어떤 기업의 순이익이 10억 달러이고 자기자본이 50억 달러라면, ROE는 20%가 됩니다. 이는 주주가 투자한 돈 1달러당 0.20달러의 이익을 창출했다는 의미입니다.

ROE 평가의 장점

- 수익성 평가: ROE가 높을수록 주주 자본이 효율적으로 사용되고

있다는 의미입니다.

- **수익률 분석**: 투자자 입장에서 기업이 주주가치를 얼마나 창출하는지 판단하는 중요한 기준이 됩니다.
- **기업 간 비교용이**: 동일 산업 내 다른 기업들과 비교하여 경쟁력을 평가할 수 있습니다.

ROE 평가의 단점

- **부채 영향 배제**: ROE는 기업이 부채를 많이 사용할수록 인위적으로 높아질 수 있습니다. 따라서 부채비율이 높은 기업은 ROE가 왜곡될 가능성이 있습니다.
- **일회성 이익 반영 가능성**: 일시적인 이익 증가가 ROE를 높일 수 있으므로 지속적인 수익성을 평가하는 데 한계가 있습니다.

활용법

ROE는 자기자본의 효율성을 평가하는 데 유용하지만, 반드시 부채 수준과 함께 고려해야 합니다. 따라서 ROE가 높은 기업을 찾을 때, 부채비율을 함께 분석하는 것이 중요합니다. 부채비율을 함께 분석하는 것이 중요합니다. 가장 이상적인 투자 대상은 높은 ROE와 안정적인 부채비율을 동시에 가진 기업입니다.

▶ **ROA**Return on Assets, **총자산이익률**란 무엇인가 ◀

ROA는 기업이 가진 모든 자산으로 얼마나 이익을 내는지 보여주는 지표입니다. 쉽게 말해 '기업의 모든 재산으로 번 수익률'입니다. 계산 방법은 다음과 같습니다.

ROA=(순이익/총자산) x 100

예를 들어, 총자산이 100억 달러이고 순이익이 5억 달러라면, ROA는 5%가 됩니다. 이는 기업이 보유한 자산 1달러당 0.05달러의 이익을 창출했다는 의미입니다.

ROA 평가의 장점

- **기업의 전반적인 효율성 평가**: ROA는 기업이 보유한 모든 자산을 얼마나 효과적으로 활용하는지를 보여줍니다.
- **산업 간 비교 가능**: 자본 집약적인 산업과 그렇지 않은 산업의 기업들을 비교할 수 있습니다.

ROA 평가의 단점

- **자본 구조 차이 반영 어려움**: 기업마다 부채 사용 수준이 다르므로 단순 ROA 비교만으로 투자 결정을 내리기 어렵습니다.
- **저평가된 자산 문제**: 일부 기업의 자산은 장부가로 기록되기 때문

에 실제 시장가치와 차이가 날 수 있습니다.

활용법

ROA는 기업이 부채나 자기자본 등 자금 출처에 관계없이 총동원한 모든 자산을 가지고 얼마나 본업에서 효율적으로 수익을 내고 있는 지를 알 수 있는 가장 직접적인 지표입니다. ROA가 꾸준히 상승한다 는 것은 기업이 추가적인 자산 투자 없이도 더 많은 이익을 창출하거 나, 혹은 새로운 자산 투자가 성공적으로 수익을 내고 있다는 긍정적 인 신호입니다. 다만, ROA 단독으로 판단하기보다는 ROE 및 ROIC 와 함께 분석할 것을 추천합니다.

▶ ROIC Return on Invested Capital, 투하자본수익률란 무엇인가 ◀

ROIC는 기업이 실제 사업에 투입한 자본으로 얼마나 이익을 내는지 를 보여주는 지표입니다. 쉽게 말해 '사업에 쓴 돈으로 번 진짜 수익률' 입니다. 계산 방법은 다음과 같습니다.

ROIC=(세후영업이익/투하자본) x 100

예를 들어, C기업의 세후영업이익이 15억 달러이고 투하자본이 75억 달러라면, ROIC는 20%가 되는 것이죠.

ROIC 평가의 장점

- **자본 효율성 평가**: ROIC는 기업이 조달한 모든 자본을 얼마나 효과적으로 활용하는지를 평가하는 데 적합합니다.
- **부채 구조 반영 가능**: ROIC는 부채와 자기자본을 모두 고려하므로 기업의 실제 수익 창출 능력을 더 정확히 평가할 수 있습니다.
- **경제적 해자**Economic Moat **분석**: ROIC가 높을수록 경쟁 우위가 있는 기업일 가능성이 큽니다.

ROIC 평가의 단점

- **복잡한 계산 방식**: ROIC를 계산하려면 세후영업이익과 투하자본을 정확히 파악해야 하므로 다른 지표보다 계산이 비교적 어렵습니다.
- **산업별 편차 존재**: 자본 집약적인 산업에서는 ROIC가 상대적으로 낮을 수 있습니다.

활용법

ROIC는 기업의 장기적인 수익성을 평가하는 데 가장 유용한 지표 중 하나입니다. ROIC가 기업의 자본조달 비용인 WACCWeighted Average Cost of Capital, 가중평균자본비용보다 높다면, 기업이 지속적으로 가치를 창출하고 있음을 의미합니다. WACC는 기업이 자금(부채와 자본)을 조달하는 데 드는 최소한의 비용입니다. 따라서 ROIC는 장기적인 투자 판단에 매우 중요한 역할을 합니다. ROIC가 장기간 동안 WACC보다 훨씬 높은 수준을 유지하고 있다면, 해당 기업은 경쟁사들이 쉽게 모방할 수 없는 독점적인 기술, 강력한 브랜드, 혹은 효율적인 운영 구조를 가지고 있다고 해석할 수 있습니다. 워런 버핏이 말하는 '경제적 해자'를 가지고 있을 가능성이 크며, 이는 장기 투자에 있어 가장 중요한 요소 중 하나입니다.

각 지표 비교 및 실전 활용법

- **실제 기업 사례로 살펴보기 (2023년 기준 참고 사례)**

지표	주요 평가 대상	장점	단점	적용 상황	특징
ROE^{Return on Equity}	자기자본 (주주자본)	주주 수익성을 직접적으로 평가할 수 있음	부채(레버리지) 사용에 의한 영향이 과대평가될 수 있음	주주 입장에서 수익성 분석 및 투자 매력도 평가	기업이 주주의 자본을 활용해 얼마나 많은 이익을 창출했는지 나타냄
ROA^{Return on Assets}	총자산 (자산 활용도)	기업 전체 자산의 활용 및 효율성을 평가할 수 있음	부채 수준을 고려하기 어려워 재무 위험을 간과할 수 있음	기업 전체 자산의 효율성 분석 및 산업 내 비교	기업이 보유한 총자산을 얼마나 효율적으로 사용하여 이익을 냈는지 나타냄
ROIC^{Return on Invested Capital}	투하자본	자본 효율성 및 핵심 사업 경쟁력을 분석하는 데 가장 적합함	계산이 복잡하고 사용하는 정의에 따라 수치가 달라질 수 있음	기업의 장기적인 수익성 및 가치 창출 능력 분석	기업이 사업에 투입한 모든 자본을 활용하여 창출하는 실질적인 이익을 나타냄

※ 위 수치는 일반적인 범위이며, 개별 기업과 시장 상황에 따라 크게 달라질 수 있습니다.

ROE가 중요한 경우

- 금융업: 레버리지(부채)를 활용한 수익 창출이 중요한 은행, 보험사 등
- 주주환원 정책 평가 시: 배당이나 자사주 매입 등 주주환원 정책을 평가할 때
- 주주 관점의 수익성 분석 시: 투자한 자본 대비 얼마나 이익을 창출하는지 확인할 때
- 경영진 성과 평가 시: 경영진이 주주자본을 얼마나 효율적으로 활용했는지 평가할 때

ROA가 중요한 경우

- 자산 규모가 큰 산업: 제조업, 유틸리티, 통신 등 대규모 자산을 운용하는 산업
- 부채 의존도 비교 시: 부채에 의한 왜곡 없이 기업의 효율성을 비교할 때
- 기업 규모가 다른 경우: 다양한 규모의 기업들을 비교할 때

<u>**ROIC가 중요한 경우**</u>

- **장기 투자 결정 시**: 5년 이상의 장기 투자를 고려할 때
- **사업 확장성 평가 시**: 기업이 추가 투자를 통해 성장할 수 있는 지 평가할 때
- **경쟁 우위 분석 시**: 기업의 지속 가능한 경쟁력을 판단할 때

미국주식 투자자라면 반드시 알아야 할 필수 사이트

1. 매크로트렌드Macrotrends

매크로트렌드는 기업의 과거 15년 치 재무 데이터를 무료로 제공하는 사이트입니다. 다른 사이트들이 데이터를 일부만 공개하거나 유료로 제공하는 것과 달리, 매크로트렌드는 방대한 양의 정보를 무료로 열람할 수 있다는 점에서 투자자들에게 큰 이점을 제공합니다.

이 사이트는 매출, 순이익, 자산, 부채, 현금흐름 등 기업의 핵심 재무 정보를 모두 담고 있습니다. 덕분에 기업의 변화를 한눈에 확인하고 현명한 투자 결정을 내리는 데 도움을 받을 수 있습니다.

매크로트렌드의 가장 큰 강점은 장기적 추세 분석이 가능하다는 점입니다. 방대한 데이터를 통해 과거와 현재를 비교하며 변화의 흐름을 파악할 수 있고, 기업의 장기적인 추세를 분석하며 투자 감각을 기르는 데 유용합니다.

특히 매출, 매출총이익, 영업이익, 총자산, 부채 등 다양한 재무 데이터는 그래프와 차트로 시각화되어 제공됩니다. 2009년부터 2024년까지의 데이터가 그래프로 정리되어 있어 한눈에 파악하기 쉽습니다.

2. 데이터로마DataRoma

데이터로마는 투자 대가들이 어떤 종목을 사고파는지 쉽게 추적하고 분석할 수 있는 사이트입니다. 운영 자산 규모 1억 달러 이상의 기관 투자자들은 매 분기 말 45일 이내에 증권 포트폴리오 정보가 담긴 13F 보고서를 증권 거래위원회(SEC)에 제출해야 하는데, 데이터로마는 바로 이 13F 보고서를 기반으로 기관 투자자들의 주식 매매 내역과 포트폴리오를 추적합니다. 워런 버핏, 빌 애크먼, 세스 클라먼 등 전설적인 투자자들의 포트폴리오를 확인할 수 있습니다. 그들이 가장 많이 투자한 종목을 통해 투자 철학과 전략을 엿 볼 수 있으며, 이를 참고하여 투자 실수를 줄일 수 있습니다.

　또한 각 기관 투자자의 포트폴리오를 통해 자신이 보유한 종목이 잘 선택된 것인지 점검할 수 있습니다. 특정 종목이 기관 투자자들의 포트폴리오에 여러 번 등장하면 해당 종목에 대한 신뢰도를 높일 수 있습니다. 다만 데이터로마의 포트폴리오는 분기별로 업데이트되므로 실시간 확인은 어렵고, 약간의 시차가 있다는 점을 인지해야 합니다.

데이터로마에서 제공하는 주요 분석 기능

1) Top 10 most owned stocks(가장 많이 보유한 상위 10개 종목): 가장 많은 투자자들이 포트폴리오에 가지고 있는 상위 10개 종목을 보여줍니다. 이를 통해 시장에서 주목받는 기업을 파악하고 투자 확신을 높이는 데 유용하며, 상위 10개 외에 더 많은 기업도 확인할 수 있습니다.

2) Top 10 stocks by %(비중 기준 상위 10개 종목): 투자자들의 포트폴리오에서 가장 많은 비율을 차지하는 10개 기업을 볼 수 있습니다. 이는 해당 주식의 미래에 대한 큰 기대를 나타내는 신호로 해석될 수 있으며, 투자자들이 어떤 주식에 큰 비중을 두는지, 강하게 신뢰하는 기업이 무엇인지 파악할 수 있습니다.

3) Top big bets(가장 큰 비중으로 투자한 종목): 슈퍼 투자자들이 포트폴리오에서 가장 크게 베팅한 종목을 보여줍니다. 이는 투자자의 강한 신뢰나 기대를 나타내는 신호로 해석됩니다.

많은 투자자들이 데이터로마를 참고하여 포트폴리오를 조정합니다. 유명 투자자의 종목 추가 사실을 통해 해당 주식을 재분석하고 투자 결정을 내릴 수 있습니다. 반대로 다른 투자자들이 대거 매도한 종목을 알게 되면 대체

종목을 찾을 기회가 될 수 있습니다. 데이터로마는 세계적인 투자자들의 포트폴리오를 무료로 분석하고 투자 패턴을 추적할 수 있는 도구로, 이를 통해 투자 전략을 배우고 더 나은 투자 결정을 내릴 수 있습니다.

3. 밸류 인베스터스 클럽Value Investors Club

밸류 인베스터스 클럽은 실력 있는 가치 투자자들이 모여 아이디어를 공유하고 깊이 있는 분석을 나누는 커뮤니티입니다. 이 사이트의 회원은 크게 두 부류로 나뉩니다.

1) **기업 분석 작성 회원:** 기업 분석을 제출하고 철저한 심사를 거쳐야만 작성자로 인정받을 수 있습니다. 통과율은 10% 미만으로 경쟁이 치열합니다. 심사를 통과하면 높은 수준의 토론과 정보 교류에 참여할 기회를 얻습니다.

2) **기업 분석 열람 회원:** 회원 가입만 하면 누구든지 될 수 있습니다. 심사 없이 사이트에 올라온 각종 기업 분석을 열람할 수 있으며, 가입 즉시 다양한 투자 전략과 아이디어를 확인할 수 있습니다. 다만 글 작성이나 댓글 참여는 제한됩니다.

투자 경험이 풍부하고 실전에서 검증된 가치 투자자들의 분석은 실제 시장에서 효과를 입증한 전략과 깊은 통찰력을 바탕으로 합니다. 따라서 미국 상장 기업에 대한 심도 있는 분석과 매력적인 가치주 발굴이 필요하다면 반드시 주목해야 할 사이트입니다. 전문적이고 현실적인 관점에서 기업의 가치를 평가할 기회를 제공합니다.

가입만으로 고급 분석 자료를 열람할 수 있다는 점은 놀라운 장점입니다. 새로운 투자 아이디어를 얻거나 자신만의 투자 전략을 세우는 데 큰 도움을 받을 수 있습니다. 양질의 자료와 통찰력 있는 분석을 통해 투자 역량을 한 단계 업그레이드할 수 있을 것입니다.

3장

치열한 경쟁에서 살아남는 기업의 조건

7.

투자자가 반드시 체크해야 할 숫자들

"투자자는 기업의 현재 수익성이
얼마나 높은가보다
얼마나 오래 유지될 수 있는가를
판단해야 한다."

워런 버핏은 흔히 '투자의 대가'로 불립니다. 하지만 그의 성공 비결은 복잡한 금융 공식이나 시장의 타이밍을 절묘하게 맞추는 능력에 있는 것이 아닙니다. 버핏이 수십 년 동안 시장 평균을 꾸준히 뛰어넘을 수 있었던 이유는, 기업이 자본을 얼마나 효율적으로 활용하는지에 대한 깊은 통찰에 있습니다.

그가 특히 중요하게 보는 지표가 바로 'ROICReturn on Invested Capital(투하자본수익률)'입니다. 버핏은 1992년 버크셔 해서웨이 주주 서한에서 "우리는 기업의 경제적 이익이나 손실을, 그것을 만들어내는 자본과 비교해 평가한다"고 말했습니다. 이는 ROIC의 개념을 그대로 설명하는 문장입니다.

ROIC는 기업이 사업에 투입한 자본(자기자본과 타인자본 모두 포함)으로부터 얼마나 효율적으로 이익을 내는지를 보여주는 지표입니다. 쉽게 말해, 기업이 100달러를 투자했을 때 그 돈으로 얼마의 영업이익을 만들어내는지를 측정하는 것입니다.

ROIC가 꾸준히 높은 기업은 무엇이 다른가

ROIC가 높은 기업은 단순히 '이익을 잘 내는 기업'이 아닙니다. 그 수치 뒤에는 대체로 견고한 경쟁력이 숨어 있습니다. 예를 들어, 동종 업계 평균보다 꾸준히 높은 ROIC를 기록하는 기업들은 다음과 같은 특징을 보입니다.

1. **가격 결정력이 강합니다.** 브랜드 파워나 고객 충성도가 높아 가격을 쉽게 낮추지 않아도 됩니다.
2. **비용 구조가 효율적입니다.** 불필요한 지출이 적고 자본을 낭비하지 않습니다.
3. **진입 장벽이 높습니다.** 기술력, 특허, 브랜드, 네트워크 등이 뒷받침되어 후발주자가 쉽게 따라오기 어렵습니다.

워런 버핏은 이런 기업들이 장기적으로 주주가치를 극대화할 수 있다고 판단합니다. ROIC가 꾸준히 높게 유지된다는 것은 단순한 우연이 아니라, 그 기업의 구조적인 경쟁력이 구조적으로 탄탄하다는 증거이기 때문입니다.

왜 ROIC가 ROE보다 중요한 숫자일까

많은 투자자들이 ROE(자기자본수익률)를 기업의 수익성 지표로 자주 사용합니다. 하지만 ROIC는 ROE보다 더 깊이 있는 통찰을 제공합니다. 그 이유는 세 가지입니다.

1. **부채로 인한 착시 효과를 배제할 수 있습니다.** ROE는 주주가 넣은 돈(자기자본) 대비 수익을 계산하는 지표라서, 기업이 빚을

많이 끌어오면 자기자본 비중이 줄어들고 숫자가 부풀려집니다. 겉으로는 엄청난 수익성을 가진 기업처럼 보이지만 사실은 빚의 힘으로 만든 착시일 때도 있다는 것입니다. 그러나 ROIC는 부채까지 포함한 전체 자본을 기준으로 계산하기 때문에 빚으로 인한 착시 효과가 개입할 여지가 없습니다. 그래서 ROIC는 기업이 빚을 얼마나 썼는지와 상관없이 '순수하게 자본을 얼마나 잘 굴리는지'를 보여주는 지표라고 할 수 있습니다.

2. **자본 전체를 평가할 수 있습니다.** ROIC는 주주의 돈뿐만 아니라 기업이 빌려서 사용하는 자본까지 모두 고려합니다. 즉, 기업이 가진 '전체 자원'을 얼마나 효율적으로 사용했는지를 볼 수 있습니다.

3. **사업 단위별 비교가 가능합니다.** 다양한 사업 부문을 가진 기업이라면, 각 부문이 어느 정도의 수익성을 내고 있는지 ROIC로 명확히 구분해 볼 수 있습니다.

결국 ROIC는 기업의 '본질적인 돈 버는 능력'을 보여주고, ROE는 '주주 입장에서의 성과'를 보여줍니다. 워런 버핏은 두 지표를 모두 보지만, 기업의 근본적인 경쟁력을 판단할 때는 ROE보다 ROIC를 더 중시합니다.

ROIC가 낮은 산업은 왜 위험한가

버핏은 높은 ROIC를 가진 기업을 선호하는 만큼, ROIC가 낮은 산업에 대해서는 늘 경계심을 보였습니다. 그가 자주 예로 든 산업이 바로 항공업입니다.

항공 산업은 겉으로 보면 성장성이 높고 매출 규모도 크지만, 들여다보면 매우 높은 투자 자본으로 인해 수익성이 낮은 편입니다. 비행기 구매, 유지 보수, 인프라 구축에 막대한 자본이 드는 반면, 치열한 가격 경쟁으로 인해 항공권 가격을 마음대로 인상하기도 어렵기 때문입니다. 그 결과 아무리 열심히 운영해도 투하자본대비수익률이 높아지기 어렵습니다.

버핏은 이러한 산업을 '자본의 블랙홀capital black holes'이라고 표현합니다. 아무리 돈을 쏟아부어도 그만한 이익이 돌아오지 않기 때문이지요. 그는 2007년 주주서한에서 "라이트 형제가 하늘을 날기 시작한 이후, 항공 산업은 지속 가능한 경쟁 우위를 확보하는 데 실패했다"고 언급하며, '이익이 아닌 자본을 집어삼키는' 산업의 위험성을 경고하기도 했습니다.

▶ ROIC의 지속 가능성: 경제적 해자의 중요성 ◀

ROIC(투하자본이익률)는 기업이 투입한 자본으로 얼마나 효율적으로 이익을 내는지를 보여주는 핵심 지표입니다. 하지만 단순히 현재의 ROIC가 높다고 해서 그 기업이 '좋은 기업'이라고 단정할 수는 없습니다. 투자자가 진짜로 주목해야 할 것은 그 높은 수익성을 얼마나 오랫동안 지켜낼 수 있는가, 즉 높은 ROIC를 지속할 수 있는지 여부입니다. 이때 중요한 개념이 바로 '경제적 해자Economic Moat'입니다. '해자'는 경쟁자가 쉽게 침입하지 못하도록 지켜주는 기업만의 방어막을 말합니다.

경제적 해자란 무엇인가?

경제적 해자는 워런 버핏이 대중화한 개념입니다. 중세의 성을 둘러싼 해자가 적의 침입을 막아냈듯, 경제적 해자는 경쟁자로부터 그 기업의 수익성과 시장 지위를 보호하는 보이지 않는 방어막을 의미합니다. 강력한 해자를 가진 기업은 경쟁이 심해도 쉽게 무너지지 않고, 오랜 시간 높은 ROIC를 유지합니다. 이러한 기업은 시장의 경쟁 압력에도 불구하고 장기간에 걸쳐 자본비용을 초과하는 수익을 창출할 수 있습니다.

그럼 기업의 경쟁력이라고 할 수 있는 경제적 해자의 유형에 대해 더 자세히 알아보겠습니다.

경제적 해자의 다섯 가지 유형

경제적 해자는 여러 형태로 나타나지만, 특히 장기적으로 높은 ROIC를 유지하는 기업들에게서 공통적으로 발견되는 다섯 가지 유형이 있습니다. '브랜드 파워', '네트워크 효과', '전환 비용', '비용 우위', '규모의 경제'입니다.

이 다섯 가지는 단순한 이론이 아니라, 실제로 세계 최고 기업들의 경쟁력을 지탱해온 핵심 요인입니다. 이제 각각의 해자가 어떤 방식으로 작동하며, 어떻게 기업의 수익성과 자본 효율성을 높이는지를 살펴보겠습니다.

1. 브랜드 파워

소비자에게 신뢰받고 영향력이 큰 브랜드는 선택의 순간에 경쟁사보다 유리한 위치를 차지합니다. 이런 브랜드는 단순한 제품 이상의 의미를 지니며, 품질뿐 아니라 브랜드가 주는 신뢰감과 이미지에서 오는 가치를 함께 제공합니다. 그 결과 소비자들은 기능이나 품질이 비슷한 다른 제품들이 있더라도, 그 브랜드가 주는 만족감과 안정감 때문에 더 높은 가격을 지불하고라도 그 브랜드 제품을 구매하는 것입니다.

- **코카콜라**: 100년 이상의 역사를 통해 구축된 코카콜라의 브랜드 파워는, 비슷한 맛을 내는 더 저렴한 콜라 제품들이 있음에도 불구하고 코카콜라가 계속해서 더 높은 가격에 판매할 수 있는 기반이

됩니다.

- **애플**: 혁신과 디자인, 품질을 상징하는 브랜드 이미지 덕분에 소비자들은 비슷한 사양의 제품보다 애플 제품을 선호하며, 더 비싼 가격도 기꺼이 지불합니다.
- **티파니**: 귀금속 시장에서 티파니의 민트색 상자는 그 자체로 상징적인 가치가 있습니다. 이로 인해 소비자들은 같은 품질의 다른 보석보다 티파니 제품에 더 높은 가격을 지불합니다.

이처럼 강한 브랜드 파워를 가진 기업들은 마케팅 투자의 효율성이 높아 ROIC가 자연스럽게 높아집니다. 또한 경쟁사보다 높은 가격을 책정할 수 있어 이익 마진도 확대됩니다.

2. 네트워크 효과

이용자가 많아질수록 제품이나 서비스의 가치가 함께 커지는 현상을 말합니다. 이 효과는 시장을 먼저 선점한 기업이 빠르게 성장할 수 있도록 돕고, 동시에 새로운 경쟁자가 시장에 진입하기 어렵게 만들어 강력한 진입 장벽을 형성합니다.

- **비자**Visa**와 마스터카드**Mastercard: 두 회사는 전 세계 수억 명의 소비자와 수천만 개의 가맹점을 연결하는 결제 네트워크를 보유하고 있습니다. 사용자가 많을수록 가맹점은 해당 카드를 받아들일 이유가 생기고, 가맹점이 늘어날수록 소비자는 그 카드를 더 자주 사용하

게 됩니다. 이렇게 쌓인 거래 데이터와 네트워크 규모는 새로운 경쟁자가 쉽게 따라올 수 없는 강력한 진입 장벽이 됩니다.

- **페이스북**Facebook: 친구, 가족, 직장 동료 등 이미 가입한 사람들이 많을수록 플랫폼의 가치가 높아집니다. 사용자가 한 명씩 추가될 때마다 그 사람과 연결된 사람들의 이용 동기도 커지면서 네트워크 전체의 참여도가 기하급수적으로 확대됩니다. 이 구조 덕분에 페이스북은 초기 SNS 경쟁자들을 빠르게 압도하고 글로벌 표준 플랫폼으로 자리 잡을 수 있었습니다.

- **마이크로소프트 윈도우**Microsoft Windows: 윈도우는 한때 '컴퓨터 생태계의 중심'이라 불렸습니다. 사용자 수가 많다 보니 소프트웨어 개발자들이 윈도우용 프로그램을 만들었고, 그 프로그램들이 다시 사용자들을 끌어들였습니다. 이렇게 형성된 거대한 사용자 기반과 개발 생태계는 이후 수십 년간 마이크로소프트의 시장 지위를 굳건히 지켜주는 해자가 되었습니다.

3. 전환 비용 Switching Costs

전환 비용은 고객이 지금 쓰는 제품이나 서비스에서 다른 제품이나 서비스로 옮겨 가려 할 때 드는 시간, 비용 등의 모든 불편을 말합니다. 이때 불편함이 클수록 해당 브랜드에 머무를 가능성이 높아지겠지요. 이러한 전환 비용은 기업의 고객 충성도를 강화하고, 안정적인 수익 구조를 만들어줍니다.

- **애플의 iOS 생태계**: 사용자가 iOS에서 안드로이드로 전환하려면 앱, 콘텐츠, 기기 간 연동 등을 포기해야 합니다. 이러한 전환 비용은 사용자들이 애플 제품에 계속 머물게 합니다.
- **엔터프라이즈 소프트웨어(SAP, Oracle)**: 기업들이 이미 구축한 시스템을 변경하려면 직원 재교육, 데이터 마이그레이션, 업무 중단 등 상당한 비용이 발생합니다.
- **어도비 크리에이티브 스위트**Adobe Creative Suite: 디자이너들이 포토샵 등의 소프트웨어 사용법을 배우는 데 많은 시간을 투자하게 되면, 이후 다른 소프트웨어로 전환하기 어려워집니다.

이와 같이 높은 전환 비용을 구축한 기업들은 안정적인 고객 기반을 유지하면서, 정기적인 구독료나 업그레이드 비용을 통해 높은 ROIC를 달성하게 됩니다.

4. 비용 우위Cost Advantage

비용 우위는 경쟁사보다 더 적은 비용으로 제품이나 서비스를 만들어낼 수 있는 힘을 말합니다. 독자적인 공정, 뛰어난 기술, 효율적인 물류 시스템, 규모가 커서 생기는 운영 효율 등에서 이러한 차이가 생기고, 결국 같은 걸 팔아도 더 많이 남기는 기업이 됩니다.

- **코스트코**COSTCO: 대량 구매, 제한된 SKU, 창고형 매장 운영을 통해 업계에서 가장 낮은 운영비용을 달성합니다.

- **가이코**GEICO: '직접 판매' 모델을 통해 중개인 수수료를 절감하여 보험료를 낮추고 있습니다.
- **사우스웨스트 에어라인**Southwest Airlines: 단일 기종 운영, 점대점 point-to-point 노선 구조, 빠른 비행기 회전율을 통해 업계 최저 비용을 유지합니다.

위의 사례들처럼 비용 우위를 가진 기업들은 낮은 가격으로 경쟁하면서도 적정 마진을 유지할 수 있어, 경쟁사가 따라오기 어려운 ROIC를 달성합니다.

5. 규모의 경제Economies of Scale

기업의 생산·판매 규모가 커질수록 단위당 비용이 줄어드는 현상을 말합니다. 일정 규모에 도달하면 고정비가 분산되어, 소규모 경쟁사가 쉽게 따라올 수 없는 효율을 확보하게 됩니다.

- **월마트**Walmart: 막대한 구매력으로 공급업체로부터 최저가를 확보하고, 전국적으로 연결된 물류망을 통해 효율적인 재고 관리와 배송을 실현합니다. 덕분에 저렴한 가격과 높은 이익률을 동시에 유지할 수 있습니다.
- **아마존**Amazon: 방대한 물류 인프라와 자체 기술 투자로 배송비를 꾸준히 절감하고, 동시에 서비스 품질을 높였습니다. 고객이 늘어날수록 단위당 비용이 감소해 ROIC가 자연스럽게 향상됩니다.
- **인텔**Intel: 반도체 산업은 대표적인 규모의 경제 구조를 가지고 있습

니다. 인텔은 대규모 생산 설비와 공정 자동화를 통해 단위당 생산
비를 낮추며, 기술 격차를 유지하고 경쟁력을 강화했습니다.

규모의 경제를 달성한 기업은 시장점유율이 늘수록 수익 구조가
더욱 견고해집니다. 이 선순환이 바로 높은 ROIC의 기반이 됩니다.

ROIC와 경제적 해자의 관계

높은 ROIC를 오랫동안 유지하는 기업들은 거의 예외 없이 강력한 경
제적 해자를 가지고 있습니다. 해자는 다음과 같은 이유로 ROIC의
지속성을 뒷받침합니다.

1. 초과 수익의 유지

보통 한 산업에서 높은 수익률을 내는 기업이 생기면 경쟁자가 몰려
들어 마진이 줄어듭니다. 그러나 해자를 가진 기업은 이런 경쟁의 파
고를 버텨내며 장기간 높은 수익률을 유지할 수 있습니다. 코카콜라
가 100년 넘게 높은 ROIC를 기록해온 이유도 바로 이 해자 덕분입니
다. 코카콜라의 브랜드 파워와 유통망은 다른 기업이 쉽게 모방할 수
없기에, 시장점유율과 가격 경쟁력을 동시에 지켜낼 수 있었습니다.

2. 자본의 효율적 활용

해자가 강한 기업은 새로운 투자에서도 자본 효율성을 유지할 수 있

습니다. 예를 들어 스타벅스는 브랜드에 대한 신뢰 덕분에 신규 매장이 빠르게 수익을 내며, 이는 더 높은 자본수익률ROIC로 이어집니다. 해자는 단순히 과거의 경쟁력을 지키는 방패가 아니라, 미래의 성장에서도 자본을 효율적으로 운용하게 만드는 동력이 됩니다.

3. 가격 결정력

경제적 해자가 견고한 기업은 원가가 상승하더라도 가격을 조정해 이익을 방어할 수 있습니다. 애플이 부품비가 올라가도 제품 가격을 인상해 마진을 유지할 수 있는 이유가 여기에 있습니다. 반면, 해자가 약한 기업은 가격 인상 시 고객을 잃을 위험이 커 동일한 대응을 하기 어렵습니다.

기업의 경쟁력을 평가하는 방법

해자는 단기적인 이익이 아니라 '지속 가능한 수익 구조'의 본질을 보여줍니다. 많은 기업이 일시적으로 높은 ROIC를 기록할 수 있지만, 해자가 약하면 경쟁 심화나 시장 변화로 인해 수익성이 급격히 떨어집니다. 따라서 투자자는 '현재 수익이 얼마나 높은가'보다 '그 수익이 얼마나 오래 유지될 수 있는가'를 판단해야 하며, 이를 위해 기업의 경쟁력인 경제적 해자 분석이 필수적입니다.

경제적 해자가 강한 기업은 위기 상황에서도 이익을 방어하고, 변화하는 환경 속에서도 새로운 성장 동력을 확보합니다. 다시 말해, 해자의 강도는 곧 기업의 '수익의 내구성durability of profits'을 의미합니다. 해자는 숫자 하나로 측정하기 어렵기 때문에, 여러 지표를 종합적으로 살펴보며 여러 각도에서 기업을 들여다봐야 합니다. 다음의 네 가지 접근이 기업을 평가할 때 해자의 존재와 강도를 판단하는 데 도움이 될 것입니다.

1. 장기 ROIC 추세

단기 수치보다는 10년 이상의 데이터를 살펴보는 것이 바람직합니다. 예를 들어 마이크로소프트는 20년 가까이 평균 20% 안팎의 ROIC를 유지하고 있는데, 이는 단순한 호황의 결과가 아니라 구조적인 경쟁 우위의 증거입니다.

2. 산업 평균 대비 성과

같은 산업 내에서 경쟁사보다 지속적으로 높은 ROIC를 기록하는 기업은 해자를 보유하고 있을 가능성이 큽니다. 식료품 산업의 평균 이익률은 낮지만, 미국의 거대 식료품 체인인 '트레이더 조Trader Joe's'는 차별화된 상품 전략으로 업계 평균을 훨씬 웃도는 효율을 유지합니다.

3. 수익성 지표의 안정성

경기 침체나 원자재 가격 상승에도 영업이익률이 큰 폭으로 흔들리지 않는 기업은 강한 해자를 지니고 있을 가능성이 높습니다. 존슨앤드존슨이 60년 넘게 배당을 꾸준히 늘려온 이유 역시 안정적인 수익성과 견고한 해자 덕분입니다.

4. 시장점유율 유지력

시간이 지나도 시장 지배력을 잃지 않는 기업은 경쟁 우위가 견고합니다. 예를 들어 구글은 20년 넘게 검색 시장을 사실상 독점하고 있는데, 이는 네트워크 효과와 규모의 경제가 결합된 강력한 해자 덕분입니다.

경제적 해자의 지속 가능성 평가

경제적 해자의 지속 가능성 평가는 생각보다 섬세한 문제입니다. 해자는 한 번 만들어지면 오래갈 것처럼 보이지만, 기술은 금방 판을 뒤흔들고 규제는 언제든 방향을 바꾸며 소비자의 취향도 바람처럼 변합니다. 이런 변화 앞에서는 아무리 강한 해자라도 서서히 약해질 수 있습니다. 그래서 지금의 해자가 앞으로도 기업을 지켜줄 힘이 있는지, 그 체력이 얼마나 이어질지 계속 살펴보는 일이 중요합니다.

1. 기술 변화

디지털 카메라의 등장으로 코닥의 필름 비즈니스 해자가 파괴된 사례나 넷플릭스의 스트리밍 서비스가 비디오 대여 비즈니스 모델을 붕괴시킨 사례처럼, 기술 변화는 기존 해자를 무력화할 수 있습니다. 투자자는 기업이 기술 변화에 적응하고 해자를 재구축할 수 있는 능력을 평가해야 합니다. 마이크로소프트가 클라우드 비즈니스로 성공적으로 전환한 것은 이러한 적응력의 좋은 예입니다.

2. 규제 환경 변화

정부 규제 변화는 기업의 해자를 약화시키거나 강화할 수 있습니다. 예를 들어, 통신 산업의 규제 완화는 기존 독점 기업들의 해자를 약화시켰습니다. 반면, 제약 산업에서는 특허 보호와 규제 승인이라는 장벽이 강력한 해자를 형성합니다. 그러나 이러한 해자는 특허 만료나 규제 변화에 취약할 수도 있습니다.

3. 소비자 선호도 변화

소비자 트렌드와 선호도 변화는 브랜드 파워에 기반한 해자를 위협할 수 있습니다. 건강 인식 증가로 인한 탄산음료 소비 감소는 코카콜라와 같은 기업의 해자에 도전이 되었습니다. 성공적인 기업은 소비자 선호도 변화를 예측하고 적응함으로써 해자를 유지합니다. 코카콜라가 물, 주스, 에너지 드링크 등으로 포트폴리오를 다양화한 것이 그 예입니다.

경제적 해자에 기반한 투자

'경제적 해자를 통해 지속적으로 높은 ROIC를 유지한다'는 기준은, 워런 버핏과 같은 가치 투자자들의 핵심 투자 원칙입니다. 버핏은 "좋

은 기업이란 자본을 대량으로 요구하지 않으면서도 높은 수익을 올릴
수 있는 기업"이라고 정의했습니다.

1. 버크셔 해서웨이의 투자 사례

버핏의 코카콜라 투자는 경제적 해자에 기반한 투자의 대표적 사례
입니다. 그는 코카콜라의 강력한 브랜드 파워와 글로벌 유통 네트워
크가 지속적인 고수익을 가능하게 한다고 판단했습니다. 또한 버핏이
장기간 보유한 아메리칸 익스프레스American Express, 웰스 파고Wells
Fargo, 무디스Moody's 등의 기업들도 모두 강력한 경제적 해자와 높은
ROIC를 특징으로 합니다.

2. 평균 회귀Mean Reversion의 예외

금융 이론에서는 기업의 ROIC가 시간이 지나면 결국 평균 수준으로
되돌아간다고 봅니다. 경쟁이 붙고 기술이 따라오면 처음의 높은 수익
성도 점점 깎이기 때문입니다. 그런데 모든 기업이 이 공식에 깔끔하
게 들어맞는 것은 아닙니다. 강력한 경제적 해자를 가진 기업들은 이
평균 회귀 흐름을 비켜 갑니다. 쉽게 말해, 다른 기업들이 시간의 흐름
에 밀려 평범해질 때도 이 기업들은 꾸준히 '비정상적으로 좋은' 상태
를 유지합니다. 예를 들어, 비자와 마스터카드는 지난 10년간 높은 수
준의 ROIC를 안정적으로 유지해왔습니다. 앞서 말했듯 강력한 네트
워크 효과와 브랜드 파워라는 해자를 가졌기 때문입니다.

3. ROIC와 기업 가치

높은 ROIC를 지속할 수 있는 능력은 기업 가치에 직접적인 영향을 미칩니다. 맥킨지McKinsey & Company의 연구에 따르면, 투자자들은 지속적으로 높은 ROIC를 달성하는 기업에 더 높은 가치를 부여합니다. 이는 ROIC가 단기 실적 지표가 아닌, 기업의 장기적 가치 창출 능력을 반영하기 때문입니다. 따라서 투자자들은 단순히 현재의 ROIC 수치에만 집중할 것이 아니라, 기업의 경제적 해자가 미래에도 해당 수준의 ROIC를 지속시킬 수 있는 능력이 있는지를 반드시 판단해야 합니다.

결론: 자본 효율성과 경쟁력을 함께 고려하라

투자자에게 있어 ROIC는 단순한 재무 지표 이상의 의미를 가집니다. 그것은 기업의 경쟁 우위와 가치 창출 능력을 측정하는 핵심 지표입니다. 그러나 ROIC의 진정한 가치는 그 지속 가능성에 있으며, 이는 기업의 경제적 해자의 강도와 직결됩니다.

경제적 해자 분석은 정량적 ROIC 분석과 정성적 경쟁 우위 분석을 결합한 종합적인 접근법을 요구합니다. 강력한 브랜드 파워, 네트워크 효과, 전환 비용, 비용 우위, 규모의 경제 등의 경제적 해자를 가진 기업들은 장기간에 걸쳐 높은 ROIC를 달성할 가능성이 큽니다.

투자자는 현재의 높은 ROIC에 현혹되기보다는, 그 기업의 경제적 해자가 얼마나 견고한지, 그리고 그 해자가 앞으로도 ROIC를 지속시킬 수 있을지를 분석해야 합니다. 이러한 접근법은 단기적인 시장 변동성을 넘어 장기적으로 우수한 투자 성과를 달성하는 데 도움이 될 것입니다.

경제적 해자와 지속 가능한 ROIC에 초점을 맞춘 투자는 워런 버핏의 말처럼 "가격은 당신이 지불하는 것이지만, 가치는 당신이 얻는 것"이라는 원칙을 실현하는 방법입니다. 단기적인 수익률보다는 장기적으로 가치를 창출할 수 있는 기업을 식별하고 투자하는 것이 진정한 가치 투자의 핵심입니다.

▶ 자본 효율성의 마법: 버핏의 성공적 투자 사례 ◀

코카콜라: 브랜드 파워의 힘

1988년, 버크셔 해서웨이는 코카콜라 주식을 대량 매입했습니다. 당시 코카콜라는 약 15%의 ROIC를 기록하고 있었으며, 이는 버핏의 투자 기준에 부합했습니다. 코카콜라의 강력한 브랜드 파워와 글로벌 유통망은 적은 추가 자본 투자로도 지속적인 성장을 가능케 했습니다. 특히 코카콜라는 병입업체bottler를 통해 제품을 생산·유통하는 구조를 갖고 있어, 직접적인 설비투자 부담이 적었습니다. 이런 '자산 경량화asset-light' 모델 덕분에 적은 자본으로 높은 수익을 내는 구조를 구축할 수 있었고, 결과적으로 장기간 높은 ROIC를 유지할 수 있었습니다.

무디스Moody's: 정보의 비대칭을 활용한 안정적 수익

2000년대 초, 버핏은 신용평가 기관 무디스에 투자했습니다. 신용평가 산업은 진입 장벽이 높고 소수의 기업이 시장을 과점하고 있습니다. 무디스는 새로운 보고서를 작성할 때마다 대규모 설비나 인력을 투입할 필요가 없기 때문에, 추가 비용은 거의 없지만 안정적인 수익이 반복적으로 발생하는 구조를 갖추고 있습니다. 또한 채권 발행자가 평가 비용을 지불하는 모델 덕분에 꾸준한 현금흐름이 보장됩니다. 이처럼 정보의 비대칭성과 산업 구조에서 비롯된 경제적 해자 덕분에 무디스는 오랜 기간 높은 ROIC를 유지해왔습니다.

애플: 기술과 생태계가 만든 경제적 해자

2016년, 버크셔 해서웨이는 애플 주식을 사들이기 시작했습니다. 당시 애플의 ROIC는 약 24%로, 기술 기업 중에서도 매우 높은 수준이었습니다.

애플은 강력한 브랜드 충성도와 iOS 생태계를 바탕으로 높은 전환 비용switching cost을 만들어냈습니다. 즉, 한 번 애플 기기를 사용하기 시작하면, 다른 생태계로 옮기기가 쉽지 않은 구조입니다. 또한 애플은 하드웨어 설계만 직접 담당하고 생산은 외부 파트너에 맡기는 자산 경량화 전략을 통해, 고정비 부담을 줄이고 자본 효율성을 극대화했습니다. 이처럼 브랜드, 기술, 생태계가 결합된 해자가 애플의

ROIC를 장기간 높게 유지하게 만든 핵심 요인이었습니다.

▶ 경영진의 자본 배분 방식에 주목하라 ◀

기업의 성공을 평가할 때 많은 투자자들은 매출 성장, 이익률, 시장 점유율과 같은 지표에 초점을 맞추는 경향이 있습니다. 그러나 진정한 장기적 가치 창출의 핵심에는 종종 간과되는 중요한 요소가 있습니다. 바로 '자본 배분Capital Allocation'입니다. 높은 ROIC투하자본수익률를 달성하는 능력은 기업의 경쟁력을 보여주는 중요한 지표이지만, 그렇게 창출된 자본을 경영진이 어떻게 활용하는지가 궁극적으로 주주 가치에 더 큰 영향을 미칩니다. 워런 버핏은 "경영진의 가장 중요한 직무는 자본 배분"이라고 강조했으며, 이는 기업의 장기적 성공과 주주 가치 창출에 결정적인 역할을 합니다.

자본 배분의 정의와 중요성

자본 배분이란 기업이 창출한 자본(현금흐름)을 다양한 용도로 어떻게 분배하고 투자할지 결정하는 과정을 말합니다. 이는 단순한 재무적 결정이 아니라 기업의 전략적 방향성과 가치 창출 메커니즘을 정의하는 핵심 프로세스입니다.

자본 배분이 주주가치에 미치는 영향

맥킨지McKinsey & Company의 연구에 따르면, 경영진의 자본 배분 결정은 주주 총수익률TSR에 직접적인 영향을 미칩니다. 효과적인 자본 배분 전략을 가진 기업들은 그렇지 않은 기업들보다 평균적으로 5~7% 높은 TSR을 달성했습니다. 이를 10년 기간 동안의 복리로 계산하면 엄청난 차이를 만듭니다.

ROIC와 자본 배분의 관계

ROIC는 기업이 투자한 자본으로부터 얼마나 효율적으로 수익을 창출하는지 보여주는 지표입니다. 그러나 높은 ROIC를 달성하는 것만으로는 충분하지 않습니다. 진정으로 탁월한 기업은 다음 두 가지를 모두 잘합니다.

1. 높은 ROIC 달성 (자본을 효율적으로 '벌어들이는' 능력)

2. 효과적인 자본 배분 (번 자본을 효율적으로 '사용하는' 능력)

이 두 능력의 조합이 장기적인 주주가치 창출로 이어집니다.

<u>**이상적인 자본 배분의 모델**</u>

이상적인 기업은 효율적인 운영을 통해 강력한 현금흐름을 창출하고, 그 가용 자본을 가장 효율적이면서 가장 높은 수익이 예상되는 프로젝트에 꾸준히 배정합니다. 여기서 핵심은 '가장 높은 수익이 예상되는 프로젝트'를 식별하는 능력입니다.

<u>**최적의 자본 활용 사이클**</u>

1. 효율적인 운영

기업은 핵심 비즈니스 운영에서 강력한 현금흐름을 창출합니다.

2. 현명한 배분

창출된 현금흐름은 높은 ROIC를 기대할 수 있는 기회에 재투자 됩니다.

3. 복리 효과

이 과정이 반복되면서 주주가치가 복리로 증가합니다.

4. 경쟁 우위 강화

지속적인 재투자는 기업의 경쟁 우위를 강화하고, 이는 다시 더 높은 현금흐름으로 이어집니다.

효과적인 자본 배분의 우선순위

1. 높은 ROIC를 기대할 수 있는 내부 프로젝트에 재투자

기업 내부에서 진행하는 프로젝트는 일반적으로 가장 낮은 리스크와 가장 예측 가능한 수익을 제공합니다. 이는 경영진이 자사의 핵심 비즈니스, 역량, 시장 위치에 대한 깊은 이해를 가지고 있기 때문입니다.

・ 성공 사례
- 마이크로소프트의 클라우드 컴퓨팅 서비스 Azure에 대한 투자는 회사의 기존 기술 역량과 기업 고객 기반을 활용하여 높은 ROIC를 달성했습니다.
- 애플의 자체 칩 개발(M1, M2 시리즈)은 제품 차별화, 성능 향상, 비용 절감을 동시에 달성하며 높은 ROIC를 실현했습니다.

내부 프로젝트 투자의 장점은 다음과 같습니다.

① **기존 역량과 시너지 창출:** 가장 잘하는 것을 바탕으로 더 잘하게 됩니다.
② **통제력과 유연성 확보:** 의사 결정이 신속하고, 필요할 때 쉽게바꿀 수 있습니다.
③ **낮은 통합 리스크:** 여러 조직을 합치는 과정에서 생기는 쓸데없는 마찰과 비용이 없습니다.

④ **기업 문화와의 정합성:** 새로운 프로젝트가 기존의 회사가 일하는 방식, 가치관, 목표와 잘 맞습니다.

2. 높은 ROIC를 기대할 수 있는 인수합병

내부 성장 기회가 제한적이거나 외부에 매력적인 기회가 있을 때, 인수합병은 효과적인 자본 배분 전략이 될 수 있습니다. 그러나 인수합병은 내부 프로젝트보다 리스크가 높고 성공률이 낮은 경향이 있습니다.

• **성공 사례**

- 픽사Pixar, 마블Marvel, 루카스필름Lucasfilm 인수는 각각의 브랜드와 지적 재산권을 활용해 높은 ROIC를 달성했습니다.
- 구글Alphabet의 유튜브YouTube 인수는 초기에 비판을 받았지만, 디지털 광고 시장에서 막대한 가치를 창출했습니다.

맥킨지의 연구에 따르면, 인수합병의 약 70%는 주주가치를 창출하는 데 실패합니다. 이러한 높은 실패율에도 불구하고, 성공적인 인수합병 전략을 가진 기업들은 탁월한 성과를 달성할 수 있습니다. 예를 들어, 다나허 코퍼레이션Danaher Corporation은 자사의 다나허 비즈니스 시스템Danaher Business System을 활용한 인수합병 전략으로 지난 25년간 주주들에게 20% 이상의 연평균 수익률을 제공했습니다.

3. 자사주 매입 (주가가 내재가치보다 낮을 때)

자사주 매입은 기업이 자사의 주식을 시장에서 구매하는 것을 의미합니다. 이는 주식이 내재가치보다 현저히 저평가되었을 때 특히 효과적인 자본 배분 전략이 될 수 있습니다.

• 자사주 매입의 이점

- 주당 순이익(EPS) 증가: 주당 순이익은 주가를 결정하는 중요한 요소 중 하나이므로 높아지면 시장은 이를 긍정적으로 평가하여 주가 상승으로 이어질 가능성이 커집니다.
- 내재가치 대비 저가 투자 효과: 이는 경영진이 주가가 내재가치보다 낮다고 판단할 때, 자사 주식에 효율적으로 투자하여 미래 이익을 할인 구매하는 효과를 내며, 주주들은 기업이 주주가치를 극대화하고 있다고 판단합니다.
- 시장에 경영진의 자신감 신호 전달: 자사주 매입은 회사의 미래 수익 창출 능력에 대한 경영진의 강한 확신을 시장에 확실하게 전달하는 메시지이며, 이러한 자신감의 표출은 투자 심리를 개선시키고 주가 회복 및 상승에 기여할 수 있습니다.

• 성공 사례

- 버크셔 해서웨이는 주가가 장부 가치(순수한 회사 가치)의 1.2배보다 싸지면, 적극적인 자사주 매입 정책을 실행합니다.
- 오토존AutoZone은 1998년부터 지속적인 자사주 매입 프로그램을

통해 발행 주식수를 80% 이상 감소시켰으며, 이는 주당 이익과 주가의 극적인 성장으로 이어졌습니다.

그러나 자사주 매입은 주가가 고평가되었을 때나 더 나은 투자 기회가 있을 때는 부적절한 전략이 될 수 있습니다. 실제로 많은 기업들이 주가가 고점일 때 자사주를 매입하고, 저점일 때는 매입을 중단하는 실수를 범합니다.

최소화해야 할 자본 배분 결정

효과적인 자본 배분을 위해서는 무엇을 할지 결정하는 것만큼 무엇을 하지 않을지 결정하는 것도 중요합니다. 탁월한 경영진은 다음과 같은 자본 배분 결정을 최소화하기 위해 노력합니다.

1. 수익성 낮은 자본적 지출

모든 자본적 지출이 동등하게 가치를 창출하는 것은 아닙니다. 낮은 ROIC가 예상되는 프로젝트에 자본을 투입하는 것은 장기적으로 주주가치를 파괴합니다.

- **주의해야 할 사례**
- 시장점유율만을 위한 과도한 생산 용량 확장
- 명확한 수익 모델 없는 '유행' 기술이나 산업에 대한 투자

- 사업 다각화를 위한 고비용 프로젝트

2. 신주 발행 (주주가치 희석)

신주 발행은 기존 주주들의 소유권을 희석시키므로, 그 자본이 희석을 상쇄할 만큼 충분한 가치를 창출할 수 있는 경우에만 정당화됩니다.

- **신주 발행이 부적절한 경우**
- 높은 가치 창출이 불확실한 인수 자금 조달
- 운영 손실 보전을 위한 발행

3. 비효율적인 배당

배당은 종종 주주에게 현금을 돌려주는 효과적인 방법으로 간주되지만, 세금 측면에서 비효율적일 수 있습니다. 기업이 내부적으로 자본을 효율적으로 배분할 수 있는 경우, 배당보다는 재투자나 자사주 매입이 더 나은 선택일 수 있습니다.

- **배당의 단점**
- 이중과세(법인세 후 배당, 개인 배당소득세)
- 재투자 기회 감소
- 일단 시작하면 감소나 중단이 어려움(시장의 부정적 반응)

그러나 성장 기회가 제한적이고 안정적인 현금흐름을 가진 성숙한 기업의 경우, 배당은 적절한 자본 배분 전략이 될 수 있습니다.

자본 배분의 마스터들

1. 애플과 팀 쿡Tim Cook

팀 쿡은 스티브 잡스 이후 애플의 CEO로서 뛰어난 자본 배분 능력을 보여주었습니다. 그의 접근법은 다음과 같은 원칙을 따릅니다.

- **강력한 생태계 구축**: 애플은 하드웨어, 소프트웨어, 서비스가 통합된 생태계를 통해 경제적 해자를 구축했습니다.
- **대규모 자사주 매입 프로그램**: 2012년부터 시작된 자사주 매입 프로그램은 역사상 가장 큰 규모 중 하나로, 2023년까지 약 6천억 달러 이상을 자사주 매입에 투자했습니다.
- **점진적 인수 전략**: 애플은 핵심 기술 확보를 위한 소규모 전략적 인수에 집중합니다.
- **R&D에 대한 지속적 투자**: 혁신적인 제품 파이프라인 유지를 위한 연구개발 투자를 꾸준히 확대해왔습니다.

이러한 접근법은 애플이 2011년 팀 쿡 취임 이후 총주주수익률을 1,000% 이상을 달성하는 데 기여했으며, 시가총액 3조 달러를 돌파한 최초의 기업으로 만들었습니다.

2. 마이크로소프트와 사티아 나델라Satya Nadella

사티아 나델라는 2014년 CEO 취임 이후 마이크로소프트를 클라우드 중심 기업으로 성공적으로 전환시켰습니다.

- **마이크로소프트의 자본 배분 접근법**
- 클라우드 인프라Azure에 대한 집중 투자: 전통적인 소프트웨어 비즈니스에서 클라우드 중심으로 전환
- 전략적 인수: LinkedIn, GitHub, Activision Blizzard 등 클라우드와 AI 생태계를 강화하는 전략적 인수
- 지속적인 배당금 증가와 자사주 매입: 주주환원 정책을 꾸준히 실행
- AI와 신기술에 대한 선제적 투자: OpenAI에 대한 투자와 협력을 통한 AI 리더십 확보

이 전략은 마이크로소프트가 나델라 취임 이후 S&P 500 대비 5배 이상의 수익률을 기록하는 데 기여했으며, 시가총액 2조 달러를 돌파하는 추진력이 되었습니다.

결론: 효과적인 자본 배분의 원칙

효과적인 자본 배분은 기업의 장기적 성공과 주주가치 창출의 핵심입니다. 그러니 투자자들은 기업을 평가할 때 현재의 ROIC뿐만 아니라 경영진의 자본 배분 역량도 면밀히 검토해야만 합니다. 이상적인 자본

배분의 원칙은 다음과 같습니다.

1. **가치 창출에 집중**: 모든 자본 배분 결정은 장기적인 주주가치 창출에 기여해야 합니다.
2. **기회비용 인식**: 모든 자본 배분 결정은 다른 대안과의 비교 맥락에서 이루어져야 합니다.
3. **장기적 관점**: 단기적인 결과보다 장기적인 가치 창출에 초점을 맞춥니다.
4. **프레임워크와 규율**: 명확한 자본 배분 프레임워크와 규율은 감정적 결정을 방지합니다.
5. **적응성**: 시장 환경과 기업 상황 변화에 따라 자본 배분 전략을 조정합니다.

기업이 높은 ROIC를 달성하는 능력과 그 자본을 효과적으로 배분하는 능력의 조합은 장기적인 주주가치 창출로 이어집니다. 워런 버핏의 말처럼, "시간은 훌륭한 기업의 친구이지만, 평범한 기업의 적입니다." 효과적인 자본 배분은 기업이 시간의 시험을 견디고 지속적인 가치를 창출할 수 있게 하는 핵심 요소입니다.

재무적 성과뿐만 아니라 경영진의 자본 배분 의사결정에 주목하는 투자자들은 장기적으로 시장을 이길 수 있는 더 나은 위치에 있게 될 것입니다. 결국, 기업의 가치는 그들이 얼마나 효율적으로 자본을 벌어들이고, 그 자본을 얼마나 현명하게 사용하는지에 달려 있기 때문입니다.

ROIC 높은 기업 베스트 10

다음은 2025년 기준, '슈어 분석 리서치 데이터 베이스Sure Analysis Research Database'(수천 개의 기업 데이터를 분석해 최적의 투자 종목을 선별하는 미국의 전문 분석 시스템)에 기반한 S&P 500 내 ROIC 상위 10개 종목입니다.

10위. Yum Brands Inc.(YUM)

ROIC: 44.6%

- KFC, 피자헛, 타코벨, 해빗레스토랑 등의 브랜드 보유
- 155개국 이상, 59,000여 개 매장 운영
- 디지털 매출 비중 57%로 사상 최고
- 2025년 EPS 5.92달러 예상

9위. TJX Companies(TJX)

ROIC: 46.9%

- T.J. Maxx, Marshalls, HomeGoods 등 오프프라이스 리테일러
- 9개국 5,000개 이상 매장
- 2025 회계연도 2분기 매출 6.9% 증가
- EPS 1.10달러(전년 대비 15% 상승)

8위. Altria Group(MO)

ROIC: 47.5%

- Marlboro, Copenhagen 등 주요 담배 브랜드 보유

- JUUL(35%), Cronos Group(45%) 지분 보유

- 2025년 2분기 EPS 1.44달러(+8.3%)

- 매출 61억 달러, 흡연 감소에도 견조한 수익 유지

7위. Starbucks Corporation(SBUX)

ROIC: 51.2%

- 전 세계 39,000개 매장, 미국 및 중국 비중 높음

- 2025년 3분기 실적 부진(EPS 0.50달러, -46%)

- 중국 매출 회복세, 장기적 턴어라운드 기대

6위. Mastercard Inc.(MA)

ROIC: 52.9%

- 전 세계 3.1억 장 이상 카드 발행

- 2025년 2분기 매출 81억 달러(+15.7%)

- EPS 4.15달러(+16%)

- 교차국가 거래량 +17%, 운영마진 59.9%

5위. Apple Inc.(AAPL)

ROIC: 54.1%

- iPhone, Mac, iPad, Apple Watch 등 대표 제품

- 2025년 3분기 매출 940억 달러(+10%)

- EPS 1.57달러(+12%)

- 서비스 부문 고성장(고마진, 반복 수익 구조)

4위. Domino's Pizza Inc.(DPZ)

ROIC: 59.3%

- 세계 최대 피자 브랜드, 90개국 21,000개 매장

- 매출의 절반 이상이 미국 내 발생

- 2025년 2분기 EPS 3.81달러(-5%)

- 2028년까지 연평균 매출 7%, 영업이익 8% 성장 전망

3위. McKesson Corporation(MCK)

ROIC: 64.3%

- 1833년 설립, 글로벌 제약·의료 유통업체

- 연 매출 3,000억 달러 이상

- 2025년 1분기 매출 978억 달러(+23.3%)

- GLP-1 의약품 매출 급증

2위. Otis Worldwide(OTIS)

ROIC: 69.0%

- 엘리베이터·에스컬레이터 제조 및 서비스 선두 기업

- 2025년 2분기 유기적 매출 +4%

- 수주잔고 +19%, 향후 성장 기대

- EPS 1.05달러(-1%)

1위. Cardinal Health(CAH)

ROIC: 71.6%

- 미국 3대 의약품 유통사 중 하나

- 미국 약국 24,000곳, 병원 85% 이상에 공급

- 2025 회계연도 EPS 8.24달러(+9%)

- 전문의약품 부문 성장 주도

ROIC가 높은 기업은 일반적으로 자본을 효과적으로 운용해 지속적인 주주가치 창출이 가능하다는 점에서 매력적입니다. 물론, ROIC 하나만으로 투자 결정을 내려서는 안 되지만, 위의 ROIC 상위 10개 기업은 모두 탁월한 자본 배분 능력을 입증해 온 우량 기업들입니다. ROIC와 함께 매출 증가율 등 성장성 지표를 고려하면 더 우량한 기업을 찾을 수 있습니다.

8.

기업이 번 돈을 어떻게 쓰는지가 미래를 결정한다

"기업의 자본 배분 전략이
나의 투자 목표와 일치하는지
살펴보고 투자하라."

기업이 창출한 현금흐름을 어떻게 활용하는지는 투자자에게 매우 중요한 의미를 갖습니다. 현금흐름 배분 전략은 기업의 철학과 성장 단계를 반영할 뿐만 아니라 주주에게 돌아가는 수익의 형태와 시기에도 직접적인 영향을 미치기 때문입니다. 현금흐름을 배당으로 돌려주는 전략과 성장에 재투자하는 전략의 차이를 재무적 관점에서 더욱 심층적으로 살펴보겠습니다.

▶ 현금흐름의 기본 이해 ◀

투자 결정을 내리기 전에, 먼저 기업의 현금흐름이 어떤 과정을 통해 만들어지고 사용되는지를 이해해야 합니다. 현금흐름표는 단순히 '돈이 얼마나 있는가'가 아니라, '돈이 어디서 들어오고 어디로 나가는가'를 보여주는 중요한 지표입니다.

1. 영업현금흐름OCF, 영업활동 현금흐름

기업의 핵심 사업 활동에서 발생하는 현금으로, '기업이 본업으로 실제로 돈을 벌고 있는가'를 판단하는 가장 기본적인 척도입니다. 순이익에 감가상각비나 무형자산 상각비 같은 비현금 비용을 더하고, 재고·매출채권·매입채무 등 운전자본의 변동을 반영해 계산합니다. 영업현금흐름이 꾸준히 플러스라는 것은, 기업이 지속적으로 현금을 만들어내고 있음을 의미합니다.

2. 잉여현금흐름FCF

영업현금흐름에서 설비투자비용CAPEX을 뺀 금액으로, 기업이 자유롭게 활용할 수 있는 '진짜 여유 현금'입니다. 이 FCF는 배당, 자사주 매입, 부채 상환, 신규 투자 등 여러 형태로 쓰이게 됩니다. 투자자는 FCF가 꾸준히 늘어나는 기업을 '현금 창출력이 좋은 기업'으로 평가하며, 이는 장기 주가 상승의 중요한 근거가 됩니다.

▶ 배당 중심 전략의 특징 ◀

배당 중심 기업은 일정 수준의 성숙 단계에 도달해, 벌어들인 현금을 주주에게 직접 환원하는 전략을 택합니다. 이러한 기업의 특징은 다음과 같습니다.

1. 안정적인 현금흐름

배당 기업은 일반적으로 경기 변동에 크게 흔들리지 않는 안정적인 비즈니스 모델을 가지고 있습니다. 예를 들어, 코카콜라와 존슨앤드존슨은 50년 이상 꾸준히 배당을 늘려온 대표적인 기업들입니다. 이들은 성숙한 산업군에 속해 급격한 성장보다는 견고한 수익성과 현금흐름의 안정성을 중시합니다. 이런 기업의 배당은 '예상 가능한 현금 수익'으로, 투자자에게 심리적 안정감을 제공합니다.

2. 배당수익률 Dividend Yield

배당수익률은 주가 대비 연간 배당금의 비율로, 투자자가 현금으로 얻는 수익의 크기를 보여줍니다. 예를 들어, S&P 500 지수 내 평균 배당수익률은 약 1.5-2% 수준이지만, 유틸리티(전력, 가스)나 통신 섹터 같은 안정 산업은 3-5%대의 높은 배당을 제공합니다. 배당수익률이 높은 이런 기업은 주가 상승보다는 '꾸준한 배당금'으로 장기 수익을 추구하는 투자자에게 적합합니다.

3. 배당성장 Dividend Growth

배당투자의 진정한 핵심은 단순히 배당을 '많이' 주는 것이 아니라 '꾸준히 늘리는' 데 있습니다. 대표적인 사례가 '배당 귀족 Dividend Aristo-crats'이라 불리는 기업들입니다. 이 그룹에는 25년 이상 연속으로 배당을 인상한 기업들이 포함되며, 예를 들어 3M MMM, 캐터필러 Caterpillar, 프록터앤드갬블 Procte &Gamble, 코카콜라 등이 있습니다. 이들은 일정한 이익 성장과 현금흐름 관리 능력을 바탕으로, 경기 침체기에도 배당을 꾸준히 올리며 주주 신뢰를 쌓아왔습니다.

배당 중심 기업에 투자할 때의 관점

배당 기업은 '성장은 완만하지만 리스크가 낮은' 유형입니다. 따라서 단기적인 주가 상승보다는, 장기 보유를 통해 안정적인 현금흐름을 확보하려는 투자자에게 적합합니다. 또한 배당금은 시장 변동기에도 꾸준히 지급되기 때문에, 인플레이션 방어 수단으로도 작용합니다. 반면, 기업 입장에서는 배당이 많아질수록 내부 유보 현금이 줄어 신규 투자 여력이 감소합니다. 즉, 배당 중심 전략은 '성장보다 안정'을 택한 기업의 신호로 볼 수 있습니다.

▶ 성장 투자 중심 전략의 특징 ◀

배당 중심 기업은 현금흐름을 주주에게 돌려주는 반면, 성장 중심 기업은 그 현금을 다시 사업 확장에 재투자합니다. 이들은 당장의 이익보다 미래의 시장 지배력과 수익성을 우선시하며, 자본을 기업 내부로 순환시켜 장기적인 성장을 꾀합니다.

1. 자본 지출CAPEX

성장 기업은 벌어들인 현금의 상당 부분을 설비 확충, 기술 고도화, 인프라 구축에 투입합니다. 예를 들어 아마존은 수년간 이익의 대부분을 물류 네트워크와 클라우드 인프라 구축에 재투자하며, 단기 수익을 희생하는 대신 장기적인 시장 독점력을 확보했습니다.

2. R&DResearch & Development, 연구개발 집중도

기술·제약 분야의 성장 기업들은 매출의 10-20%를 R&D에 투입하기도 합니다. 예를 들어 인텔Intel은 반도체 공정 기술 향상을 위해, 머크

Merck는 신약 개발을 위해 막대한 연구비를 지출합니다. 이처럼 성장 기업의 현금흐름은 단기 배당이 아니라, 미래 수익의 원천이 되는 '기술력'과 '혁신'으로 전환됩니다.

3. 투하자본수익률^{ROIC}

성장 기업에게 가장 중요한 것은 '얼마나 많이 투자하느냐'보다 그 투자가 얼마나 효율적으로 수익을 만들어내는가입니다. ROIC가 동종 업계 평균을 지속적으로 상회한다면, 그 기업은 단순한 확장이 아니라 가치 있는 성장을 실현하고 있다고 해석할 수 있습니다.

▶ 배당 투자 vs 성장 투자 ◀

배당 중심 전략과 성장 중심 전략은 서로 다른 투자 철학을 반영합니다. 하나는 '현금흐름을 통한 안정성'을, 다른 하나는 '미래 성장에 대한 신뢰'를 기반으로 합니다. 어떤 전략이 더 유리한지는 시장 상황보다 투자자의 성향과 목표에 따라 달라집니다.

배당주 투자의 장점

배당 중심 기업은 이미 안정적인 수익 구조를 확보한 경우가 많습니다. 정기적인 배당금은 마치 '이자처럼' 꾸준히 들어오는 현금흐름을 만들어주며, 시장 침체기에도 비교적 변동성이 낮습니다. 또한 배당금을 재투자하면 장기적으로 복리 효과를 누릴 수 있고, 배당이 인플레이션을 상회한다면 실질 구매력을 유지할 수도 있습니다.

배당주 투자의 단점

다만 배당금에는 과세가 따르며, 특히 높은 세율 구간의 투자자에게는 실질적인 수익률이 줄어드는 것을 의미합니다. 또한 배당에 집중하는 기업은 내부 유보금이 감소해 신규 투자 여력이 줄어들고, 금리 상승기에는 채권과 비교해 매력이 떨어질 수 있습니다.

성장주 투자의 장점

성장 중심 기업은 현금을 재투자함으로써 높은 자본이득capital gain을 기대할 수 있습니다. R&D, 인수합병, 신시장 진출을 통한 복합 성장compound growth은 시간이 지날수록 주가에 반영되어 장기적인 부를 창출합니다. 또한 배당이 없기 때문에 주식을 매도하기 전까지 세금이 발생하지 않아 세금 이연 효과도 누릴 수 있습니다.

성장주 투자의 단점

성장 투자는 불확실성이 동반됩니다. 신사업의 성공이 보장되지 않으며, 현금이 꾸준히 유입되지 않기 때문에 경기 침체 시 현금흐름이 급격히 악화될 위험이 있습니다. 또한 단기 수익이 없기 때문에 주가 변동성이 크고, 기업이 성장 기대치를 충족하지 못할 경우 투자 가치가 빠르게 하락할 수 있습니다.

기업이 벌어들인 돈을 어디에, 얼마나, 어떤 방식으로 사용할지가 그 기업의 장기적인 성패를 좌우하기도 합니다. 따라서 자본을 배분하는 능력capital allocation은 단순한 재무 기술이 아니라, 경영진의 철학과 통찰을 보여주는 핵심 지표라고 할 수 있습니다.

기업은 벌어들인 현금을 주주에게 배당금으로 돌려줄 수도 있고, 새로운 사업이나 설비 확충에 재투자할 수도 있습니다. 이 두 가지 선택 사이에서 어떤 결정을 내리느냐는, 기업의 산업 구조, 성장 단계, 그리고 경쟁력에 따라 달라집니다. 따라서 현명한 투자자는 단순히 기업이 '배당을 얼마나 주는가' 혹은 '성장이 얼마나 빠른가'를 보는 대신, 그 기업이 현금을 얼마나 효율적이고 일관된 방식으로 활용하고 있는가, 그리고 그 결정이 장기적으로 주주가치를 높이는 방향인지를 살펴봐야 합니다.

궁극적으로 중요한 것은 숫자가 아니라 경영진의 자본 운용 철학입니다. 단기적인 주가 변동이나 시장의 분위기에 휘둘리지 않고, 꾸준히 장기적 가치를 쌓아가는 기업만이 시간이 지나도 진정한 수익을 만들어냅니다. 결국 핵심은 현금을 얼마나 많이 쓰느냐가 아니라, 그 돈이 얼마나 지속 가능한 가치를 만들어내느냐에 있습니다.

▶ 애플과 아마존의 자본 활용 방식 비교 ◀

애플과 아마존은 모두 세계적인 테크 기업이지만, 현금흐름 활용과 자본 배분에 있어서는 상당히 다른 접근법을 보여왔습니다. 이 두 기업의 대조적인 전략을 깊이 들여다보면, 배당 중심과 성장 투자 중심 모델의 차이점을 명확히 이해할 수 있을 것입니다.

애플: 균형적인 주주환원과 전략적 성장 투자

애플은 스티브 잡스 시대에는 현금을 보유하는 보수적 접근법을 취했으나, 팀 쿡 CEO 체제 이후 주주환원과 성장 투자 간의 균형을 이루는 방향으로 전환했습니다. 2012년, 당시 약 1,000억 달러에 달하는 현금을 어떻게 활용할지에 대한 주주들의 압박이 커지자 애플은 배당 정책을 다시 도입했습니다.

애플의 자본 배분 전략은 네 가지 주요 영역으로 나눌 수 있습니다. 배당, 자사주 매입, 연구개발, 그리고 전략적 인수합병입니다. 애플은 2024 회계연도에 약 1,183억 달러의 영업현금흐름을 창출했으며, 이 중 상당 부분을 주주환원 프로그램에 사용했습니다.

1. 배당 정책

애플은 2024년 주당 0.99달러의 배당금을 지급했으며, 이는 약 150억 달러 규모입니다. 배당 성향은 약 15-20%로 상대적으로 보수적인 수준을 유지하고 있습니다. 2012년 배당 재개 이후, 애플은 매년 꾸준히 배당금을 인상해왔으며, 향후에도 이러한 추세가 이어질 것으로 예상됩니다.

2. 자사주 매입

애플의 가장 두드러진 주주환원 방식은 대규모 자사주 매입 프로그램입니다. 2024년에만 약 1,000억 달러 규모의 자사주를 매입했으며, 지난 10년간 총 6,500억 달러 이상을 자사주 매입에 사용했습니다. 이는 시장에서 유통되는 주식 수를 약 40% 감소시켜 주당 이익(EPS)을 크게 증가시키는 효과를 가져왔습니다.

왜 애플은 배당보다 자사주 매입을 선호할까요? 자사주 매입은 배당에 비해 세금 효율성이 높고, 경영진이 주가가 저평가되었다고 판단할 때 유연하게 실행할 수 있기 때문입니다. 또한 배당과 달리 자사주 매입은 향후 감소시키더라도 시장의 부정적 반응이 상대적으로 적다는 장점이 있습니다.

3. 연구개발 투자

애플은 2024년 매출의 약 8%(약 310억 달러)를 R&D에 투자했습니다. 이는 다른 테크 기업들에 비해 다소 낮은 비율이지만, 애플의 집중적이고 효율적인 R&D 접근법을 보여줍니다. 애플은 유망한 몇 가지 분야에 집중 투자하는 전략을 취합니다.

4. 전략적 인수합병

애플은 대형 인수보다는 기술, 인재 확보를 위한 소규모 인수를 선호합니다. 2024년까지 3년간 약 100개 이상의 소규모 기업을 인수했으며, 대부분 인공지능, 증강현실 등 미래 성장 동력과 관련된 기업들이었습니다. 인수한 기술을 자사 제품에 통합해 제품 생태계 가치를 높이는 전략입니다.

5. 애플의 투하자본수익률ROIC

애플의 ROIC는 업계 최고 수준인 40-50%에 달합니다. 이는 애플이 투자한 자본 대비 매우 효율적으로 수익을 창출하고 있음을 보여줍니다. 결과적으로 주주가치 창출 측면에서 애플의 자본 배분 전략은 매우 성공적이었다고 평가할 수 있습니다.

아마존: 재투자 중심의 장기 성장 전략

아마존은 애플과 달리, 배당금을 전혀 지급하지 않으며 자사주 매입도 최근에서야 제한적으로 시작했습니다. 대신 아마존은 창업자 제프 베조스의 철학에 따라 '장기적 관점'에서 잉여현금흐름을 지속적으로 사업에 재투자하는 전략을 고수해왔습니다.

아마존의 자본 배분은 크게 세 가지 핵심 영역에 집중됩니다. 물리적 인프라 확장, 기술 개발 및 콘텐츠 투자, 그리고 전략적 인수합병입니다.

1. 대규모 자본 지출CAPEX

아마존은 2024년에 약 830억 달러를 자본 지출에 투자했으며, 이는 전체 매출의 약 13%에 달하는 금액입니다. 이 투자는 주로 물류 센터, AWS 데이터센터, 사무실 등의 물리적 인프라 확장에 사용되었습니다. 특히 코로나19 팬데믹 기간 동안, 아마존은 물류 네트워크 확장에 막대한 투자를 집행했습니다.

2. 연구개발과 콘텐츠 투자

2023년에는 약 750억 달러를 기술 개발 및 콘텐츠에 투자했습니다. 이는 AWS 클라우드 서비스, 인공지능, 로봇 기술 개발뿐만 아니라 프라임 비디오Prime Video, 오더블Audible 등의 콘텐츠 제작 및 확보에도 사용되었습니다. 특히 아마존은 AWS를 비롯한 기술 개발에 매년 투자를 확대하고 있으며, 이는 미래 성장 동력 확보를 위한 전략적 결정입니다.

3. 전략적 인수합병

아마존은 새로운 시장 진출이나 역량 확보를 위해 대규모 인수합병도 적극적으로 진행해왔습니다. 2017년 홀 푸드Whole Foods를 137억 달러에 인수한 것을 비롯해, 2021년 MGM 스튜디오MGM Studios를 84억 달러에 인수하는 등 새로운 사업 영역 확장을 위한 투자를 꾸준히 진행했습니다. 또한 로봇 기업 키바 시스템Kiva Systems, 보안 카메라 기업 링Ring 등 혁신적인 기술 기업들을 인수해 자사 서비스에 통합했습니다.

4. 아마존의 투하자본수익률ROIC 변화

아마존의 ROIC는 과거에는 상대적으로 낮았으나, AWS의 성장과 함께 점차 개선되어 최근에는 약 10-15% 수준을 기록하고 있습니다. 이는 애플보다는 낮지만, 아마존의 지속적인 대규모 투자를 고려하면 상당히 양호한 수준입니다.

5. 성장 중심 전략의 결과

아마존의 재투자 중심 전략은 매출 성장으로 이어졌습니다. 2013년 약 740억 달러였던 아마존의 연간 매출은 2023년 약 6,380억 달러로 10년 만에 약 8.6배 증가했습니다. 특히 AWS는 아마존의 가장 수익성 높은 사업부로 성장했으며, 전체 영업이익의 약 70%를 차지하고 있습니다.

두 기업의 상반된 접근법이 주는 교훈

애플과 아마존의 자본 활용 전략은 각기 다른 비즈니스 모델과 성장 단계를 반영합니다. 애플은 성숙기에 접어든 기업으로, 안정적인 현금 흐름을 바탕으로 주주환원과 전략적 성장 투자의 균형을 추구하는 반면, 아마존은 여전히 성장 단계에 있다고 판단하고 대부분의 현금을 사업 확장에 재투자하고 있습니다.

1. 현금흐름 활용 철학의 차이

애플의 CEO 팀 쿡은 "우리는 좋은 아이디어가 있을 때만 인수합병을 진행하며, 돈이 있다고 무작정 쓰지 않는다"는 입장을 밝혔습니다. 반면 아마존의 제프 베조스(현 이사회 의장)는 "단기적 수익보다 장기적 시장 지위가 중요하다"는 철학을 강조해왔습니다.

2. 재무 안정성과 위험 관리

애플은 약 1,500억 달러의 순현금을 보유하며 재무적 안정성을 우선시합니다. 반면 아마존은 공격적인 투자를 위해 적극적으로 부채를 활용하는 경향이 있습니다. 2023년 기준, 아마존의 장기 부채는 약 700억 달러에 달합니다.

3. 주주 기대와의 관계

애플의 투자자들은 안정적인 배당과 자사주 매입을 통한 주주환원을 기대합니다. 반면 아마존의 투자자들은 배당보다는 지속적인 성장을 통한 주가 상승을 기대합니다. 이러한 차이는 각 기업의 투자자 구성과 시장의 기대를 형성하는 데 영향을 미칩니다.

4. 성과 측정 지표의 차이

애플 투자자들은 주당이익EPS 성장, 배당 성장률, 투하자본수익률ROIC 등을 중요시하는 반면, 아마존 투자자들은 매출 성장률, AWS 성장률, 프라임 회원수 증가 등에 더 관심을 갖습니다.

개인 투자자를 위한 시사점

애플과 아마존의 사례 분석을 통해 개인 투자자들이 얻을 수 있는 교훈은 다음과 같습니다.

자신의 투자 목표에 맞는 기업을 선택하라

정기적인 소득이 필요하다면 애플과 같은 주주환원 중심 기업이, 장기적 자산 성장이 목표라면 아마존과 같은 성장 중심 기업이 적합할 수 있습니다.

기업의 자본 배분 철학을 이해하라

투자하기 전에 기업의 현금흐름 활용 방식과 경영진의 자본 배분 철학을 면밀히 검토해야 합니다. 이는 재무제표, 경영진 인터뷰, 주주서한 등을 통해 파악할 수 있습니다.

산업 주기와 기업 성장 단계를 고려하라

동일한 산업 내에서도 기업의 성장 단계에 따라 최적의 자본 배분 전략은 달라질 수 있습니다. 성숙기 기업의 과도한 성장 투자나 성장기 기업의 과도한 주주환원은 모두 비효율적일 수 있습니다.

자본 배분의 일관성과 효율성을 평가하라

경영진이 일관된 자본 배분 철학을 가지고 있는지, 그리고 그 결정이

실제로 주주가치 창출로 이어지고 있는지를 지속적으로 모니터링해
야 합니다.

결론적으로, 애플과 아마존의 사례는 서로 다른 자본 활용 전략
이 모두 성공할 수 있음을 보여줍니다. 중요한 것은 기업이 자신의 비
즈니스 모델, 시장 상황, 경쟁 환경에 맞는 전략을 일관되게 실행하고,
그 결과로 장기적인 주주가치를 창출할 수 있느냐 하는 점입니다. 개인
투자자로서는 이러한 기업의 자본 배분 전략이 자신의 투자 목표와 일
치하는지를 판단하고, 그에 맞는 투자 결정을 내리는 것이 중요합니다.

9.

산업별 기업의
돈 버는 방식을 이해하라

"기업의 산업적 특성과
수익 모델을 이해하라."

기업 가치 평가와 투자 결정을 내릴 때 산업별 특성과 수익 모델을 이해하는 것은 필수적입니다. 각 산업은 고유한 비즈니스 모델, 자본 구조, 수익 창출 방식을 가지고 있으며, 이는 기업의 재무 성과와 투하자본수익률, ROIC에 직접적인 영향을 미칩니다. 이 장에서는 주요 산업별 돈 버는 방식의 차이를 깊이 있게 분석하고, 산업 특성이 자본 수익성에 어떻게 영향을 미치는지 살펴보겠습니다.

▶ 테크, 소비재, 금융 등 주요 산업의 수익 모델 ◀

1. 테크 산업: 확장성과 네트워크 효과

테크 산업은 초기 개발 비용이 높지만 한계 생산 비용이 낮은 독특한 경제적 특성을 보유하고 있습니다.

① 소프트웨어 기업

- 수익 모델: 구독 기반 모델(SaaS), 라이선스 판매, 프리미엄 모델
- 자본 집약도: 낮음(주로 인적 자본 중심)
- 재무적 특징: 높은 총마진(70-80%), 낮은 유형자산 요구, 반복 수익 기반의 강한 현금흐름, R&D 지출이 높지만 설비 투자는 낮음

재무 관점

소프트웨어 기업은 제품 개발 후 추가 고객 확보를 위한 한계 비용이

거의 없어 규모의 경제를 빠르게 달성할 수 있습니다. 마이크로소프트나 어도비와 같은 기업들은 구독 모델로 전환하여 수익의 예측 가능성과 안정성을 크게 향상시켰습니다. 이러한 특성은 높은 ROIC로 이어집니다.

② 하드웨어 기업

- 수익 모델: 제품 판매, 서비스 및 유지보수
- 자본 집약도: 중간-높음
- 재무적 특징: 중간 정도의 총마진(40-60%), 제조 및 공급망에 상당한 투자 필요, 재고 관리 중요성, 상대적으로 높은 설비 투자(CAPEX)

재무 관점

애플과 같은 하드웨어 기업은 제품 설계, 제조 공정, 공급망 관리에 큰 자본을 투자하지만, 프리미엄 제품 전략과 강력한 브랜드를 통해 상대적으로 높은 마진을 실현합니다. 설비 투자 대비 수익성을 고려할 때 ROIC는 중간-높은 수준을 유지합니다.

③ 플랫폼 기업

- 수익 모델: 광고, 거래 수수료, 데이터 활용
- 자본 집약도: 중간(인프라 구축 필요)
- 재무적 특징: 매우 높은 총마진(60-90%), 데이터센터 등 인프라에

대규모 투자, 네트워크 효과를 통한 높은 사용자 가치, 사용자 확보
에 높은 마케팅 비용

재무 관점

구글, 페이스북과 같은 플랫폼 기업은 네트워크 효과를 통해 사용자
기반을 확장하고, 광고나 수수료를 통한 수익 창출이 가능합니다. 초
기 인프라 구축에 대규모 투자가 필요하지만, 사용자 기반이 확립된
후에는 매우 높은 마진과 ROIC를 달성할 수 있습니다.

2. 소비재 산업: 브랜드 가치와 유통 효율성

소비재 산업은 제품 종류와 소비자 접근 방식에 따라 다양한 수익 모
델을 보여줍니다.

① 필수 소비재

- 수익 모델: 대량 판매, 안정적인 수요
- 자본 집약도: 중간
- 재무적 특징: 낮은-중간 수준의 총마진(30-50%), 안정적인 현금
  흐름, 생산 시설 및 유통망에 상당한 투자, 재고 회전율 중요

재무 관점

프록터앤드갬블, 코카콜라와 같은 필수 소비재 기업은 경기 변동에
상대적으로 덜 민감한 안정적인 현금흐름을 특징으로 합니다. 제조

및 유통에 상당한 자본이 필요하지만, 브랜드 가치와 규모의 경제를 통해 합리적인 ROIC를 달성합니다.

② 사치 소비재

- 수익 모델: 프리미엄 가격, 브랜드 가치
- 자본 집약도: 중간-높음
- 재무적 특징: 높은 총마진(50-70%), 브랜드 구축과 유지에 높은 마케팅 비용, 유통 채널 통제 중요, 재고 관리의 복잡성

재무 관점

LVMH, 애플(소비자 관점에서)과 같은 사치 소비재 기업은 높은 마진을 통해 브랜드 구축 및 독점적 유통 채널 유지에 드는 비용을 상쇄합니다. 효과적인 가격 결정 전략과 브랜드 가치는 상대적으로 높은 ROIC로 이어집니다.

③ 소매업

- 수익 모델: 거래량, 매장 효율성, 온라인-오프라인 통합
- 자본 집약도: 높음(부동산, 인벤토리)
- 재무적 특징: 낮은 총마진(20-40%), 높은 설비 투자 및 재고 비용, 재고 회전율과 매장 효율성이 수익성 결정, 자산 활용도가 중요한 지표

월마트Walmart, 타겟 코퍼레이션Target과 같은 소매 기업은 낮은 마진을 높은 거래량으로 상쇄합니다. 부동산, 재고, 유통 시스템에 대규모 자본 투자가 필요하며, 이는 일반적으로 낮은-중간 수준의 ROIC로 이어집니다. 아마존과 같은 온라인 소매업체는 물리적 매장 없이 운영되어 자본 효율성이 높아질 수 있습니다.

3. 금융 산업: 자본 활용과 리스크 관리

금융 산업은 다른 산업들과 달리 자본 자체가 '원재료'인 독특한 특성을 가집니다.

① 은행

- 수익 모델: 이자 차익, 수수료 수입
- 자본 집약도: 매우 높음
- 재무적 특징: 순이자마진NIM이 주요 수익성 지표, 높은 규제 자본 요구사항, 대손충당금이 수익성에 중요한 영향, 자산의 질과 효율적 자본 활용이 핵심

재무 관점

JP 모건JP Morgan Chase, 뱅크오브아메리카Bank of America와 같은 은행은 예금자로부터 낮은 이자로 자금을 조달하여 대출로 더 높은 이자를 받는 이자 차익 모델을 기반으로 합니다. 대규모 자본이 필요하고

규제 요구사항이 높아 ROE/ROIC가 상대적으로 낮을 수 있으나, 안정적인 수익 구조를 가집니다.

② 보험

- 수익 모델: 보험료 수입, 투자 수익
- 자본 집약도: 높음
- 재무적 특징: 합산비율이 언더라이팅 수익성의 지표, 보험 위험과 투자 포트폴리오 관리가 핵심, 대규모 준비금 유지 필요, 보험 계약의 장기적 성격

재무 관점

AIG, 버크셔 해서웨이와 같은 보험 회사는 보험료를 선수금으로 받아 보험금 지급 전까지 투자하는 방식을 활용합니다. 성공적인 보험사는 정확한 위험 평가와 효율적인 투자 관리를 통해 안정적인 ROIC를 달성합니다.

③ 자산 관리

- 수익 모델: 관리 수수료, 성과 수수료
- 자본 집약도: 낮음-중간
- 재무적 특징: 높은 총마진(60-80%), 관리 자산[AUM] 규모가 수익 결정, 인적 자본 중심의 비즈니스, 확장성이 높음

블랙록BlackRock, 뱅가드Vanguard와 같은 자산 관리 회사는 관리 자산 규모에 기반한 수수료 수익 모델을 가집니다. 상대적으로 낮은 자본 요구사항과 규모의 경제 효과로 높은 ROIC를 달성할 수 있습니다.

4. 의료 산업: 혁신과 규제의 균형

의료 산업은 혁신적인 치료법 개발과 엄격한 규제 환경 사이에서 균형을 유지해야 합니다.

① 제약

- 수익 모델: 특허 보호 의약품 판매, R&D 투자 수익
- 자본 집약도: 매우 높음(R&D)
- 재무적 특징: 높은 총마진(60-80%), 매우 높은 R&D 투자 비용과 긴 개발 주기, 특허 만료 후 수익 감소(특허 절벽), 승인된 신약의 높은 수익성

재무 관점

화이자Pfizer, 존슨앤드존슨Johnson & Johnson과 같은 제약 회사는 새로운 의약품 개발에 막대한 R&D 투자가 필요합니다. 성공적인 신약은 특허 보호 기간 동안 매우 높은 마진을 제공하지만, 특허 만료 후에는 급격한 수익 감소를 경험할 수 있습니다. 따라서 ROIC는 제품 포트폴리오의 단계에 따라 크게 변동될 수 있습니다.

② 의료 기기

- 수익 모델: 장비 판매, 소모품 판매, 서비스 계약
- 자본 집약도: 높음
- 재무적 특징: 높은 총마진(50-70%), 상당한 R&D 및 규제 승인 비용, 재발 수익 모델(소모품, 서비스), 제품 수명 주기 관리 중요

재무 관점

메드트로닉Medtronic, 스트라이커Stryker와 같은 의료기기 회사는 초기 장비 판매 이후 소모품과 서비스를 통한 지속적인 수익 흐름을 창출합니다. 이러한 '면도기 및 면도날' 모델은 초기 R&D 및 규제 비용을 상쇄하고 안정적인 ROIC를 제공합니다.

③ 의료 서비스

- 수익 모델: 서비스 제공, 보험 청구
- 자본 집약도: 중간-높음
- 재무적 특징: 중간 수준의 총마진(30-50%), 시설 및 인력에 대한 높은 자본 투자, 규제 및 보험 환경 변화에 민감, 볼륨과 효율성이 수익성 좌우

재무 관점

HCA 헬스케어HCA Healthcare, 유나이티드헬스 그룹UnitedHealth Group 과 같은 의료 서비스 제공업체는 시설과 인력에 상당한 투자가 필요

합니다. 효율적인 운영과 규모의 경제를 통해 중간 수준의 ROIC를 달성할 수 있습니다.

5. 에너지 산업: 자본 집약적 사이클

에너지 산업은 가장 자본 집약적인 산업 중 하나로, 상품 가격 변동성에 크게 영향을 받습니다.

① 석유 및 가스

- 수익 모델: 자원 추출, 정제, 유통
- 자본 집약도: 매우 높음
- 재무적 특징: 원자재 가격에 수익이 크게 의존, 매우 높은 설비 투자 비용, 긴 프로젝트 개발 주기, 자산 활용도와 운영 효율성이 핵심

재무 관점

엑손모빌ExxonMobil, 셰브론Chevron과 같은 석유 및 가스 기업은 탐사, 생산, 정제, 유통에 막대한 자본 투자가 필요합니다. 이러한 높은 자본 요구사항과 상품 가격 변동성으로 인해 ROIC는 에너지 가격 사이클에 따라 크게 변동할 수 있습니다.

② 유틸리티

- 수익 모델: 규제된 서비스 요금, 계약 기반 수익
- 자본 집약도: 매우 높음

- 재무적 특징: 안정적이지만 낮은 이윤(규제 영향), 매우 높은 설비 투자 비용, 예측 가능한 현금흐름, 규제 환경이 수익성에 직접적 영향

재무 관점

넥스트라에너지NextEra Energy, 듀크에너지Duke Energy와 같은 유틸리티 기업은 인프라 구축과 유지에 막대한 자본이 필요하지만, 규제된 환경에서 안정적인 수익을 창출합니다. 이러한 특성은 일반적으로 낮지만 예측 가능한 ROIC로 이어집니다.

③ 재생 에너지

- 수익 모델: 장기 구매 계약, 정부 인센티브
- 자본 집약도: 높음(초기 설치)
- 재무적 특징: 높은 초기 자본비용, 낮은 운영 비용, 장기 계약을 통한 안정적 현금흐름, 기술 발전에 따른 비용 감소 추세, 정책 및 규제 변화에 민감

재무 관점

퍼스트 솔라First Solar, 오스테드Orsted와 같은 재생 에너지 기업은 초기 설비 투자가 크지만, 이후 연료비용 없이 안정적인 현금흐름을 창출합니다. 기술 발전으로 인한 비용 감소 추세가 ROIC를 점진적으로 개선시키고 있습니다.

▶ 업종별 평균 ROIC 비교하기 ◀

각 산업의 수익 모델과 자본 집약도는 투자자본수익률ROIC에 직접적인 영향을 미칩니다. 아래는 주요 산업별 일반적인 ROIC 범위와 투자 관점에서의 시사점입니다.

산업별 평균 ROIC 범위

- 소프트웨어/테크 플랫폼: 15-40%
- 사치 소비재: 15-25%
- 제약/의료 기기: 12-20%
- 필수 소비재: 10-15%
- 금융 서비스: 8-15%
- 제조/소매: 8-12%
- 에너지/유틸리티: 5-10%

투자자를 위한 시사점

1. 자본 집약도와 진입 장벽

높은 자본 요구사항은 일반적으로 낮은 ROIC로 이어지지만, 잘 확립된 기업에게는 경쟁 진입 장벽으로 작용할 수 있습니다.

2. 산업 내 차별화

동일 산업 내에서도 기업별 ROIC 차이가 상당할 수 있으며, 이는 경쟁 우위, 브랜드 가치, 운영 효율성 등에 기인합니다.

3. 장기적 트렌드 고려

기술 변화, 규제 환경, 소비자 선호도 변화는 산업의 구조와 ROIC를 변화시킬 수 있습니다.

4. 순환성 vs. 안정성

에너지와 같은 순환적 산업은 경기 주기에 따라 ROIC가 크게 변동될 수 있는 반면, 필수 소비재나 유틸리티와 같은 산업은 더 안정적인 ROIC를 제공합니다.

5. 성장 단계 고려

성장 단계의 기업은 시장점유율 확대와 확장을 위해 단기적으로 낮은 ROIC를 수용할 수 있으나, 규모의 경제 달성 후의 ROIC 개선 가능성까지 평가할 수 있어야 합니다.

▶ 어떤 산업이 지속적으로 벌 수 있는가 ◀

기업의 '돈 버는 방식'을 이해한다는 것은 단순히 산업을 구분하는 일이 아닙니다. 그 안에 숨은 자본의 흐름과 수익의 구조를 읽는 일입니다. 어떤 산업은 막대한 설비 투자가 필요하고, 어떤 산업은 아이디어 하나로 수익을 창출합니다. 이 차이가 곧 ROIC의 차이이며, 투자자가 어디에 자본을 둘 것인가를 결정하는 근거가 됩니다.

예를 들어 테크 기업은 한 번 개발한 제품을 무한히 복제할 수 있어 높은 ROIC를 기록하지만, 경기 둔화나 기술 변화에 따라 순식간에 성장 속도가 꺾일 수도 있습니다. 반면 필수 소비재 기업은 ROIC가 높지 않아도 꾸준한 수익과 현금흐름을 제공합니다. 이런 산업은 위기에도 안정적인 포트폴리오의 '기초 체력'이 되어줍니다.

따라서 투자자는 '어떤 산업이 돈을 많이 버는가?'보다 '어떤 산업이 지속적으로 돈을 벌 수 있는가?'를 봐야 합니다. 높은 ROIC가 한순간의 성과라면, 그것은 '좋은 기업'이 아니라 '좋았던 시기'를 반영한 숫자일 뿐입니다. 반대로 낮은 ROIC라도 산업의 구조적 진입장벽이 높고 현금흐름이 꾸준하다면, 장기적으로는 안정적 수익을 기대할 수 있습니다.

투자 판단의 핵심은 산업 평균 ROIC 그 자체가 아니라, 그 산업 안에서 해당 기업이 평균을 얼마나 뛰어넘을 수 있는가에 있습니다. 같은 산업이라도 운영 효율성, 브랜드 가치, 자본 배분 전략에 따라 기업 간 ROIC 격차는 크게 벌어집니다. 예를 들어, 같은 소매업이라도 월마트와 전통 백화점의 자본 효율성은 전혀 다릅니다.

즉, 좋은 투자는 산업을 고르는 것이 아니라, 산업의 한계를 넘어서는 기업을 찾는 일입니다. 테크 산업이라면 네트워크 효과와 진입장벽이 강한 기업을, 소비재 산업이라면 브랜드 충성도가 높은 기업을, 금융 산업이라면 리스크 관리 능력이 탁월한 기업을 선택해야 합니다.

[체크리스트] 좋은 기업을 가려내는 기준

1. 수익성 및 자본 효율성 지표 확인하기

- √ **지속적인 경쟁 우위:** 기업이 장기간 높은 ROIC를 유지할 수 있는 모트(경제적 해자)가 있는지 평가
- √ **ROIC 추세:** 과거 5–10년에 걸친 ROIC 추세를 분석하여 동종 업계 평균과 비교하여 경쟁 우위 여부를 판단
- √ **ROE 추세:** 자기자본이익률ROE이 안정적인지 또는 상승 추세인지 확인
- √ **매출총이익률Gross Margin:** 동종 업계 평균 대비 높은지 확인하고 5년 이상 추세 분석
- √ **영업이익률Operating Margin:** 동종 업계 평균 대비 높은지 확인하고 안정적인지 또는 개선 추세인지 점검

다만 업종별로 평균 성장률은 다릅니다. 예를 들어 IT 서비스 기업은 10–20%대의 높은 성장을 보이는 경우가 많지만, 전통 제조업은 5–10% 정도면 양호한 수준으로 평가됩니다. 따라서 절대적인 수치보다는 동종 산업 내 경쟁사와의 비교가 중요합니다.

2. 현금흐름 건전성 확인하기

- √ **영업현금흐름OCF 추세:** 과거 5–10년간 꾸준히 증가하는 추세인지 확인
- √ **영업현금흐름 > 영업이익:** 회계이익보다 실제 현금 창출 능력이 더 큰지 확인
- √ **잉여현금흐름FCF 추세:** 과거 5–10년간 증가하는 추세인지 확인

3. 재무 구조 안정성 확인하기

- √ **총차입금/영업현금흐름 비율:** 3배 이하인지 확인(산업별로 차이가 있음)
- √ **현금 보유 수준:** 최소 1년 이상의 운영 비용을 충당할 수 있는 현금을 보유하고 있는지 확인
- √ **부채비율:** 자기자본 대비 부채비율이 산업 평균보다 낮은지 확인

4. 성장성 및 자본 배분 확인하기

- √ **매출 성장률:** 인플레이션율 + 5% 이상의 유기적 성장을 보이는지 확인
- √ **주주환원 정책:** 배당금과 자사주 매입이 일관되고 지속가능한지 확인

위 체크리스트는 재무적으로 건전하고 장기적으로 주주가치를 창출할 수 있는 기업을 식별하는 데 도움이 됩니다. 모든 항목이 완벽하게 충족되어야 하는 것은 아니지만, 많은 항목을 충족할수록 투자 리스크는 낮아지고 장기 수익 가능성은 높아질 것입니다.

4장

미국 1등 기업이
보여주는
지속 성장의
공식

10.

애플과 마이크로소프트
: 효율의 교과서

“기업이 얼마나 효율적으로
수익을 내고 있는지 주목하라.”

기업의 진짜 경쟁력은 '얼마나 많은 돈을 버느냐'보다 '투자한 자본으로 얼마나 효율적으로 수익을 내느냐'에서 드러납니다.

이 장에서는 세계에서 가장 높은 자본 효율성을 자랑하는 두 기업, 애플과 마이크로소프트를 중심으로 재무제표를 읽는 법과 핵심 지표를 해석하는 방법을 함께 살펴보려 합니다. 두 기업은 모두 글로벌 시장에서 압도적인 영향력을 가진 기술 기업이지만, 그들이 높은 수익성을 달성한 방식은 서로 다릅니다.

애플은 자산을 최소화하고 브랜드와 공급망 효율로 이익을 극대화하는 전략을 택한 반면, 마이크로소프트는 인프라와 인수합병(M&A)을 통해 미래 성장 기반을 확장하고 있습니다.

이번 장에서는 단순히 숫자를 분석하는 데 그치지 않고, 재무상태표와 손익계산서 속에 숨어 있는 기업의 철학, 전략, 그리고 돈의 흐름을 읽어내는 연습을 해보겠습니다. 특히 투하자본이익률ROIC, 영업현금흐름, 자산회전율과 같은 핵심 지표를 실제 사례와 함께 살펴보며, 기업이 '효율적으로 돈을 버는 구조'를 어떻게 만들어내는지를 구체적으로 분석해 보겠습니다.

▶ 애플의 효율적인 자산 운용과 재무 전략 ◀

애플은 자산을 효율적으로 굴리는 대표적인 기업입니다. 2024 회계연도 기준 애플의 총자산은 대략 3,650억 달러, 매출은 약 3,910억 달러 수준입니다. 이처럼 큰 자산을 바탕으로 거대한 매출을 만들어내기 때문에 자산회전율(매출 ÷ 평균총자산)도 견조한 편입니다. 이러한 효율성의 원천을 2024년 재무상태표를 통해 살펴보겠습니다.

		September 28, 2024		September 30, 2023
ASSETS:				
Current assets:				
Cash and cash equivalents	$	29,943	$	29,965
Marketable securities		35,228		31,590
Accounts receivable, net		33,410		29,508
Vendor non-trade receivables		32,833		31,477
Inventories		7,286		6,331
Other current assets		14,287		14,695
Total current assets		152,987		143,566
Non-current assets:				
Marketable securities		91,479		100,544
Property, plant and equipment, net		45,680		43,715
Other non-current assets		74,834		64,758
Total non-current assets		211,993		209,017
Total assets	$	364,980	$	352,583

LIABILITIES AND SHAREHOLDERS' EQUITY:				
Current liabilities:				
Accounts payable	$	68,960	$	62,611
Other current liabilities		78,304		58,829
Deferred revenue		8,249		8,061
Commercial paper		9,967		5,985
Term debt		10,912		9,822
Total current liabilities		176,392		145,308
Non-current liabilities:				
Term debt		85,750		95,281
Other non-current liabilities		45,888		49,848
Total non-current liabilities		131,638		145,129
Total liabilities		308,030		290,437

애플의 자산 구성

- **현금 43%**: 총자산의 거의 절반을 현금으로 보유
- **운전자본 11%**: 낮은 운전자본 비율은 영업현금흐름의 효율성을 의미
- **유형자산 13%**: 물리적 자산에 대한 투자가 상대적으로 적음

애플의 자산 구성에서 눈에 띄는 점은 현금 및 단기·장기 유가증권(시장성 있는 투자자산)을 상당 규모로 보유한다는 점입니다. 회계상 '현금 및 현금성자산'만 따로 떼어보면 비중이 낮아 보일 수 있지만, 애플은 현금에 준하는 단기 투자와 만기가 긴 시장성 증권까지 폭넓게 운용합니다. 즉, 장부상으로는 여러 계정에 나뉘어 있어도, 실질적으로는 유동성이 높은 금융자산을 크게 보유해 자금 운용의 유연성이 높습니다.

또 하나의 특징은 재고와 매출채권을 과도하게 쌓아두지 않는다는 점입니다. 애플은 자산을 넓게 운용하면서도 재고와 채권은 꼭 필요한 만큼만 유지해 사업을 돌리는 데 필요한 돈이 여기저기 묶이지 않도록 관리합니다. 이렇게 운영 자금이 막히지 않으면 본업에서 벌어들인 현금을 빠르게 다음 투자나 주주환원에 사용할 수 있습니다.

애플의 자본 활용 전략

애플은 공장과 부지 같은 물리적 자산을 크게 늘리는 대신, 다음과

같은 방식으로 자본을 배분합니다.

    1. 인적자원에 대한 투자(R&D, 소프트웨어·서비스 강화 등)

    2. 주주환원 정책(현금배당, 자사주 매입)

이러한 전략은 다음과 같은 재무적 결과로 이어집니다

- 배당을 지급하면 이익잉여금*이 감소합니다.
- 자사주를 매입하면 자기주식이 늘어 자본(자기자본) 총액이 줄고, 유통주식수도 감소합니다.
- 같은 이익이라도 분모인 자기자본이 줄면 ROE(자기자본이익률 = 순이익 ÷ 자기자본)가 높아집니다.

배당과 자사주 매입은 '현금을 주주에게 돌려주면서 자본을 슬림하게 만들어 ROE를 끌어올리는' 전형적인 주주환원 전략입니다. 다만 ROE 상승이 항상 본질 개선을 뜻하진 않으니, 본업의 이익과 현금흐름이 함께 좋아지는지 반드시 함께 봐야 합니다.

주가 상승의 메커니즘

자본이 효율적으로 배분되면 다음의 선순환을 기대할 수 있습니다.

    1. 자본 규모가 줄어들면서 자기자본이익률(ROE)이 증가

* 이익잉여금 = 순이익 − 배당

2. 높아진 ROE는 투자자들에게 긍정적 신호로 작용

3. 결과적으로 주가 상승으로 연결

이처럼 애플은 물리적 자산에 대한 투자를 최소화하고 주주환원을 강화하는 전략을 통해 효율적인 재무 구조를 구축하고, 이것이 높은 주주가치로 이어지는 성공적인 비즈니스 모델을 운영하고 있습니다.

애플의 핵심 지표: ROIC로 본 자본 효율성(과거 10년)

단위: 백만 달러	2024	2023	2022	2021	2020	2019	2018	2017	2016	2015
총자산	364,980	352,583	352,755	351,002	323,888	338,516	365,725	375,319	321,686	290,479
매입채무	68,960	62,611	64,115	54,763	42,296	46,236	55,888	49,049	37,294	35,490
미지급 법인서	26,601	8,819	16,657	24,689	28,170	29,545	33,589	257		
현금 및 현금성 자산	29,943	29,965	23,646	34,940	38,016	48,844	25,913	20,289	20,484	21,120
단기매매증권	35,228	31,590	24,658	27,699	52,927	51,713	40,388	53,892	46,671	20,481
유동자산	152,987	143,566	135,405	134,836	143,713	162,819	131,339	128,645	106,869	89,378
유동부채	176,392	145,308	153,982	125,481	105,392	105,718	115,929	100,814	79,006	80,610
투하자본(IC)	**292,824**	**282,895**	**290,560**	**262,195**	**215,101**	**205,634**	**260,838**	**298,182**	**256,529**	**246,221**
영업이익	123,216	114,301	119,437	108,949	66,288	63,930	70,898	61,344	60,024	71,230
법인서	29,749	16,741	19,300	14,527	9,680	10,481	13,372	15,738	15,685	19,121
세후영업이익(NOPAT)	**93,467**	**97,560**	**100,137**	**94,422**	**56,608**	**53,449**	**57,526**	**45,606**	**44,339**	**52,109**
ROIC	32%	34%	34%	36%	26%	26%	22%	15%	17%	21%

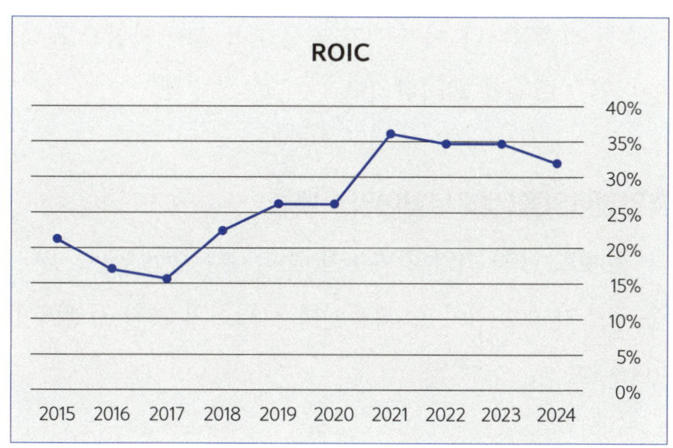

ROICReturn on Invested Capital, 투하자본수익률는 기업이 사업에 투입한 자본으로부터 얼마나 효율적으로 수익을 내는지를 보여주는 핵심 지표입니다. 즉, 애플이 '들어간 돈' 대비 '얼마나 잘 벌고 있는가'를 가장 명확하게 보여주는 숫자입니다.

ROIC는 아래 두 가지 요소로 나눠볼 수 있습니다.

$$ROIC = 세후영업이익 \div 투하자본 =$$
$$(매출 \div 투하자본) \times (세후영업이익 \div 매출)$$

이 식을 보면 ROIC가 두 가지 요소로 결정된다는 걸 알 수 있습니다.

1. 투하자본회전율(매출 ÷ 투하자본)

기업이 투자한 자본으로 얼마나 효율적으로 매출을 만들어내는지를 나타냅니다. 쉽게 말해, '들어간 돈이 얼마나 빠르게 돌아가고 있는가'를 보여주는 지표입니다. 이 수치가 높을수록 같은 자본으로 더 큰 매출을 일으키고 있음을 의미합니다.

2. 세후영업이익률(세후영업이익 ÷ 매출)

매출 중 실제로 남는 이익의 비율을 뜻합니다. 이 비율이 높다는 것은 비용 구조가 효율적이고, 제품이나 서비스의 가격 경쟁력이 높음을 의미합니다.

이 두 가지를 함께 보면, ROIC가 변할 때 그 원인이 '자본의 효율성(회전율)' 때문인지, 혹은 '이익률의 변화' 때문인지를 구체적으로 구분할 수 있습니다. 예를 들어 ROIC가 떨어졌다면, 제품의 마진이 줄었는지(이익률 하락), 아니면 자본이 덜 효율적으로 운용되고 있는지(회전율 저하)를 바로 진단할 수 있습니다.

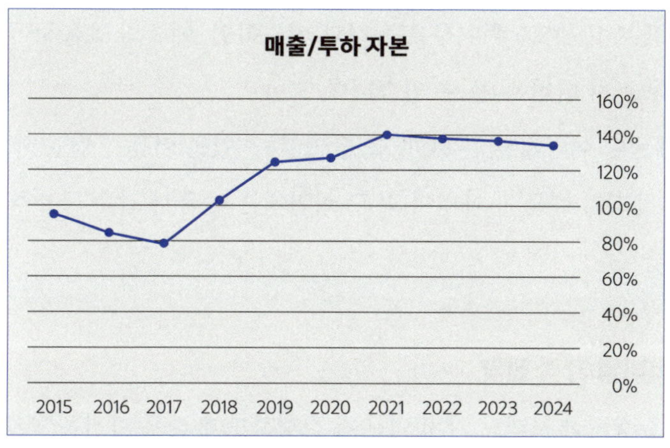

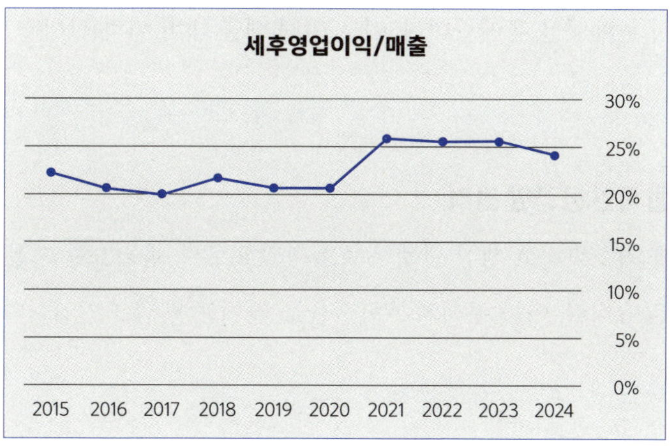

지난 10년간 애플의 ROIC는 꾸준히 상승세를 보였으며, 특히 2021
년 이후 최근 4년 동안은 30%대 수준을 안정적으로 유지하고 있습
니다. 이는 동종 업계에서 매우 높은 수치입니다. 마이크로소프트나
구글(알파벳)의 평균 ROIC가 약 20% 안팎인데 비해, 애플은 30%대
로 높은 자본 효율성을 기록하고 있습니다. 하드웨어 중심의 제조기
업 중에서는 더욱 두드러집니다. 레노버나 HP 같은 기업들의 ROIC
가 대체로 10-15%에 머무르는 것과 비교하면, 애플의 효율성이 얼마
나 탁월한지 단번에 알 수 있습니다.

애플이 이렇게 높은 ROIC를 유지할 수 있는 이유는 단순히 '제품
이 잘 팔리기 때문'이 아닙니다. 그 이면에는 다음과 같은 구조적 강점
이 있습니다.

1. 프리미엄 가격 전략

애플은 강력한 브랜드 가치 덕분에 경쟁사보다 높은 가격을 책정해도
꾸준히 판매량을 유지합니다. 이로 인해 매출 대비 이익률(마진)이 높
게 유지됩니다.

2. 효율적인 공급망 관리

재고를 최소화하고 생산 단계를 효율화함으로써, 불필요한 자본이 묶
이지 않습니다. 이는 투하자본회전율을 높이는 핵심 요인입니다.

3. 에코시스템 효과

아이폰, 맥, 아이패드, 애플워치, 서비스(앱스토어·애플뮤직 등)가 서로 연결된 생태계를 구축하여, 고객의 반복 구매와 장기 사용을 유도합니다. 이는 '한 번의 판매가 끝이 아닌 지속적인 수익'으로 이어지며, 결과적으로 자본 대비 수익성을 극대화합니다.

▶ 마이크로소프트의 M&A 투자와 지속가능한 성장 전략 ◀

마이크로소프트의 자산 구성

마이크로소프트의 최근 재무제표(2024 회계연도 기준)에 따르면, 회사의 자산은 현금, 운전자본, 유형자산, 무형자산 및 영업권 등으로 구성되어 있습니다.

- 현금: 15%
- 운전자본: 11%
- 유형자산: 26%
- 영업권 및 무형자산: 28%

이 중 유형자산 비중이 26%로 꽤 높은 편인데, 이는 마이크로소프트가 클라우드, AI, 구독형 서비스 중심의 비즈니스 모델로 전환한 기업이지만, 이러한 서비스를 운영하기 위해서는 대규모 데이터센터와 네트워크 인프라 같은 물리적 기반 시설이 필수적이기 때문입니다. 즉, 소프트웨어 기업임에도 불구하고 꾸준한 인프라 투자가 요구되는 구조입니다.

성장 전략과 영업권

마이크로소프트는 자체 개발뿐 아니라, 외부 기업 인수합병을 통해 성장 동력을 확보해왔습니다. 이 때문에 재무상태표상 영업권Good-will이 총자산의 28%로 상당히 높은 비중을 차지하고 있습니다. 영업권은 기업이 다른 회사를 인수할 때, 순자산 가치 이상으로 지불한 금액을 말합니다. 이는 브랜드, 기술력, 인재, 고객 관계 등 눈에 보이지 않는 가치를 반영한 결과입니다.

인수합병이 성공적으로 이루어졌는지를 판단할 때는 영업권 손상Goodwill Impairment 여부를 주시해야 합니다. 인수한 회사의 실적이 기대에 미치지 못하면 영업권이 손상 처리되어 회계상 이익이 감소하기 때문입니다.

최근 몇 년 동안 마이크로스프트에서 큰 폭의 영업권 손상이 발생하지 않았다는 점은, 인수 전략이 비교적 안정적으로 작동하고 있음을 의미합니다.

영업 성과와 현금흐름

기업의 실제 영업 능력을 평가할 때는 단순한 영업이익보다 영업현금흐름Operating Cash Flow을 함께 살펴보는 것이 중요합니다. 영업이익은 회계 처리에 따라 변동이 생길 수 있지만, 영업현금흐름은 기업이 실제로 얼마의 현금을 창출했는지를 보여주는 지표이기 때문입니다.

마이크로소프트의 경우, 영업현금흐름의 증가는 일시적인 회계 요인보다는 본업의 이익 증가에서 비롯된 것입니다. 즉, 단순히 재고나 매출채권 감소로 인한 일시적 현금 유입이 아니라, 제품과 서비스가 꾸준히 팔리면서 실제 영업에서 돈을 벌고 있다는 뜻입니다. 이는 인수합병과 대규모 투자가 이어지는 환경에서도 사업의 현금 창출 구조가 흔들리지 않고 있음을 보여줍니다. 또한 벌어들인 현금이 다시 인프라 투자와 미래 성장에 재투입될 수 있는 선순환 구조가 유지되고 있다는 점에서 의미가 큽니다.

이러한 점은 장기적으로 매우 긍정적인 신호로, 지속 가능한 성장 기반이 강화되고 있음을 의미합니다. 결국 마이크로소프트는 대규모 인프라 투자와 전략적 인수합병을 병행하면서도, 본업의 수익성과 현금 창출력을 유지하는 건전한 성장 구조를 만들어가고 있다고 해석할 수 있습니다.

마이크로소프트의 ROIC 변화

단위: 백만 달러	2024	2023	2022	2021	2020	2019	2018	2017	2016	2015
총자산	512,163	411,976	364,840	333,779	301,311	286,556	258,848	241,086	193,468	176,223
매입채무	21,996	18,095	19,000	15,163	12,530	9,382	8,617	7,390	6,898	6,591
미지급 법인서	45,512	40,721	40,797	39,421	39,436	42,107	38,489	6,537	5,844	5,702
현금 및 현금성 자산	18,315	34,704	13,931	14,224	13,576	11,356	11,946	7,663	6,510	5,595
단기매매증권	57,228	76,558	90,826	116,110	122,951	122,463	121,822	125,318	106,730	90,931
유동자산	159,734	184,257	169,684	184,406	181,915	175,552	169,662	159,851	139,660	124,712
유동부채	125,286	104,149	95,082	88,657	72,310	69,420	58,488	64,527	59,357	49,858
투하자본(IC)	410,207	273,052	230,441	183,446	139,740	128,935	100,568	131,835	100,423	89,076
영업이익	109,433	88,523	83,383	69,916	52,959	42,959	35,058	29,025	20,182	18,161
빕인서	19,651	16,950	10,978	9,831	8,755	4,448	19,903	4,412	2,953	6,314
세후영업이익(NOPAT)	89,782	71,573	72,405	60,085	44,204	38,511	15,155	24,613	17,229	11,847
ROIC	22%	26%	31%	33%	32%	30%	15%	19%	17%	13%

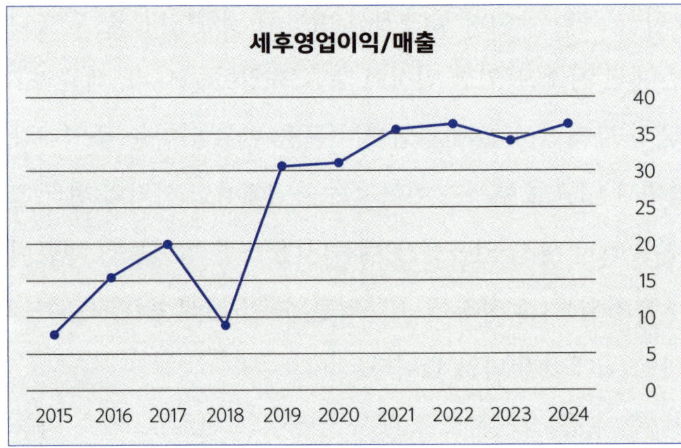

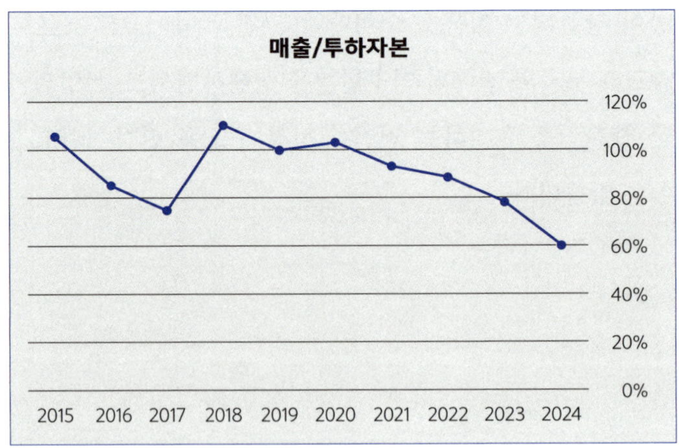

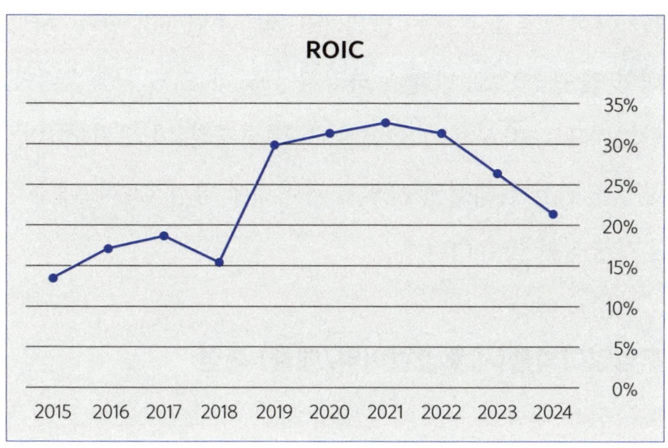

마이크로소프트의 ROIC는 지난 10년간 전반적으로 높은 수준을 유지해왔습니다. 2019년 이후 빠르게 상승해 한동안 30%대 수준을 기록했지만, 최근에는 대규모 투자의 영향으로 20%대로 다소 하락하는 추세를 보이고 있습니다.

1. 투하자본회전율(매출/투하자본) 측면

마이크로소프트는 2024년 상반기까지 다음과 같은 대규모 자본 지출을 집행했습니다.

- 데이터센터 건물 신축 및 개선에 354억 달러 투자 → 유형자산 증가
- 액티비전 블리자드Activision Blizzard 인수에 754억 달러 지출 → 영업권 증가

최근 마이크로소프트는 클라우드 및 AI 인프라 확충, 게임 산업 관련 대형 인수 등으로 인해 투하자본 규모가 크게 늘었습니다. 이로 인해 단기적으로 자본회전율(매출 ÷ 투하자본)이 하락했지만, 이는 미래 성장을 위한 선제적 투자의 결과이기에 장기적으로 매출 증가로 이어질 가능성이 높습니다.

2. 세후영업이익률(세후영업이익/매출) 측면

흥미로운 점은 대규모 투자에도 불구하고 마이크로소프트의 영업이익률이 여전히 높은 수준을 유지하고 있다는 것입니다. 이는 본업의 수익성이 탄탄하다는 뜻이며, 단기적인 ROIC 하락을 일정 부분 상쇄하는 역할을 합니다.

[단계별 분석] 기업 가치 평가 과정 따라 하기

기업의 가치를 제대로 평가한다는 것은 단순히 재무제표의 숫자를 읽는 것이 아니라, 그 숫자 속에 숨어 있는 기업의 구조와 성장 가능성, 자본의 흐름을 이해하는 일입니다. 투자자는 이 과정을 통해 '이 기업이 실제로 돈을 얼마나 잘 벌고, 앞으로도 그 흐름을 이어갈 수 있는가'를 판단할 수 있습니다. 하지만 기업의 재무 구조와 성과는 복잡하게 얽혀 있어, 감으로는 파악하기 어렵습니다. 그래서 체계적인 분석 절차가 필요합니다.

다음은 실제 투자 결정 시 활용할 수 있는 단계별 기업 가치 평가 프로세스입니다.

[1단계: 자산 구성 분석]

핵심 자산 비율 확인:
- **현금 비중:** 총자산 대비 현금 및 현금성 자산 비율(유동성 판단)
- **운전자본 비중:** 단기 영업활동의 효율성 지표(낮을수록 효율적)
- **유형자산 비중:** 물리적 자산에 투자 정도(산업별 적정성 평가)
- **영업권/무형자산 비중:** M&A 활동과 브랜드 가치 반영

[2단계: 자산 효율성 평가]

핵심 지표:
- **자산회전율(ATO):** 매출액 ÷ 총자산(높을수록 자산 활용 효율적)
- **재고자산 회전 기간(월):** 재고자산 ÷ (매출원가÷12) → 낮을수록 재고 관리 효율적
- **매출채권 회수 기간(월):** 매출채권 ÷ (매출÷12) → 낮을수록 채권회수 효율적

[3단계: 자본 활용 전략 분석]

자본 배분 방향 확인:
- 물리적 자산 투자 vs 인적 자원 투자
- 주주환원 정책 (배당, 자사주 매입) 강도
- M&A를 통한 외부성장 전략 여부

[4단계: 수익성 및 현금흐름 평가]

핵심 지표:
- **ROIC:** 세후영업이익 ÷ 투하자본 (높을수록 투자자금 효율적 활용)
- **영업현금흐름:** 영업이익과 비교하여 현금창출 능력 평가
- **영업현금흐름 증가 원천:** 일시적 운전자본 조정인지 실질적 영업이익 증가인지 구분

[5단계: 재무 구조 안정성 평가]

핵심 지표:
- **부채비율:** 부채 ÷ 자기자본 (낮을수록 재무안정성 높음)
- **Net debt/EBITDA[*]:** Net debt ÷ EBITDA ≒ (총차입금−현금및현금성자산−단기매매증권) ÷ 영업현금흐름 (낮을수록 재무안정성 높음)
- **영업권 손상 여부:** M&A 성공 여부 판단 지표

[*] Net debt/EBITDA: 쉽게 말해, 기업이 가진 '순부채(Net Debt)'를 '1년 동안 벌어들이는 영업현금 창출력(EBITDA)'으로 나눈 값을 말한다.

[6단계: 성장성 및 지속가능성 평가]

핵심 지표:
- **매출 성장률:** 최근 3~5년 CAGR[**]확인
- **이익 성장률:** 매출 성장률과 비교하여 수익성 개선 여부 평가
- **R&D 투자 비중:** 매출 대비 R&D 투자 비율 (미래 성장 동력 확보 노력)

[7단계: 투자 가치 판단]

종합 평가:
- **주가수익비율(PER):** 주가 ÷ EPS → 산업 평균 대비 저평가/고평가 판단
- **잉여현금흐름 증가 추세:** 기업의 실질적 가치 창출 능력 평가

이러한 단계별 접근법을 통해 기업의 재무 상태와 경영 전략을 종합적으로 분석하면 투자 판단에 필요한 기업 가치 평가를 훨씬 더 정확하게 수행할 수 있습니다. 특히 산업별 특성을 고려해 각 지표에 적절한 비중을 두고 살펴보면, 이 기업이 얼마나 효율적으로 운영되고 있으며 앞으로도 안정적으로 성장할 수 있는지를 보다 분명하게 확인할 수 있습니다. 이렇게 분석을 통해 얻은 결과는 단기 주가가 아니라 기업의 실제 체력과 미래 가능성에 기반한 투자 결정을 내리는 데 중요한 기준이 됩니다.

[**] CAGR: 복합 연평균성장률(Compound Annual Growth Rate)은 특정 기간 동안 자산이 매년 일정하게 성장한다고 가정할 때, 그 평균 연간 성장률을 의미합니다. 즉, 매년 같은 비율로 성장한 결과의 최종 가치와 초기 가치를 바탕으로, 실제 연평균 성장률을 산출하는 투자·재무 지표입니다.

11.
테슬라와 아마존
: 미래 가치가 있는 성장 기업 분석법

"당장의 회계상 마이너스보다
현금 축적 능력을 살펴보라."

2024년 기준 테슬라의 총자산 구성은 다음과 같습니다.

- 현금: 30%
- 운전자본: 13%
- 유형자산: 42%

현금 관리와 자본 배분 전략

테슬라는 유형자산에 충분히 투자하면서도 총자산의 30%라는 높은 현금 보유량을 유지하고 있습니다. 그러나 배당이나 자사주 매입은 실시하지 않고 있습니다. 이는 테슬라가 미래 성장 동력에 투자하기 위해 의도적으로 현금을 축적하는 전략을 취하고 있음을 보여줍니다.

수익성 구조와 규모의 경제

테슬라는 유형자산 비중이 높아 고정비(특히 감가상각비)의 비중이 큽니다. 이러한 비용 구조는 손익분기점을 넘어서면 매출이 증가할수록 마진율이 급상승하는 특성을 갖게 합니다. 즉, 판매량이 증가할수록 원가 경쟁력이 강화되는 '규모의 경제'가 작동하는 구조입니다.

운전자본 관리 효율성

테슬라의 운전자본은 총자산의 13%로 작은 편이며, 이 안에는 매출채권, 재고자산, 매입채무가 들어 있습니다. 그런데 이 숫자들이 굉장히 흥미롭습니다. 먼저 매출채권은 매출의 약 0.5개월치로 매우 빠르게 회수되고 있고, 재고자산도 매출원가 기준 약 2개월치 수준으로 효율적으로 관리되고 있습니다. 게다가 테슬라는 매출채권, 재고자산, 매입채무를 서로 상계netting하면 운전자본이 거의 0에 가까워질 만큼 자금이 묶이지 않게 운영합니다.

이는 테슬라가 제품을 만들고 팔고 돈을 받는 전 과정에서 '필요 이상으로 꺼내 놓는 돈'이 거의 없다는 뜻입니다. 쉽게 말해, 테슬라는 돈을 최대한 오래 손에 쥐고, 필요한 시점에만 지출하며, 재고를 오래 끌고 가지 않아서 현금흐름을 매우 빠르게 유지하는 회사입니다.

현금흐름과 투자 전략

구분	2024	2023	2022	2021	2020	2019	2018	2017	2016	2015
영업현금흐름	14,923	13,256	14,724	11,497	5,943	2,405	2,098	-61	-124	-524
CAPEX	-11,342	-8,899	-7,163	-6,514	-3,232	-1,432	-2,319	-4,082	-1,441	-1,635
잉여현금흐름	3 581	4 357	7 561	4 983	2 711	973	-221	-4 143	-1 565	-2 159

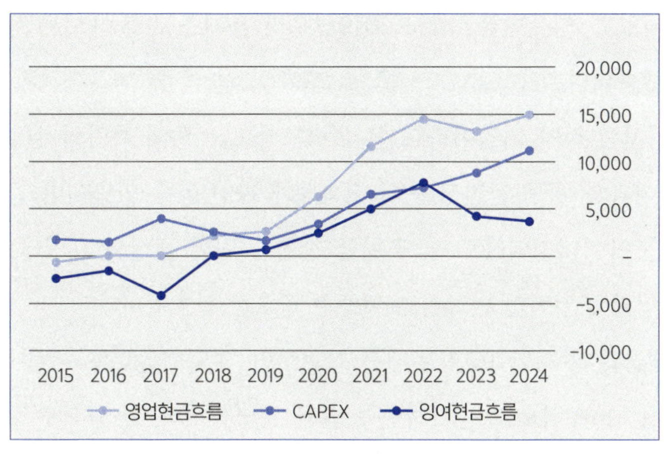

테슬라의 효율적인 운전자본 관리는 양호한 영업현금흐름으로 이어지고, 이는 유형자산에 대한 지속적인 투자를 가능하게 합니다. 테슬라는 미래 성장을 위해 자본적 지출CAPEX에 적극적으로 투자하고 있습니다.

테슬라의 재무 건전성과 성장 지속성을 평가하기 위해서는 CAPEX 증가에도 불구하고 잉여현금흐름(영업현금흐름 – CAPEX)이 함께 증가하고 있는지 확인하는 것이 중요합니다. 미래 성장 동력에 투자한 후에도 잉여현금흐름이 증가한다면, 이는 테슬라의 사업 모델이 건전하게 성장하고 있다는 긍정적인 신호로 해석할 수 있습니다.

적자 기업을 평가할 때는 순이익보다 '영업활동 현금흐름'과 '잉여현금흐름'에 집중하는 것이 중요합니다. 테슬라는 2019년까지 영업이익이 마이너스로 적자를 기록했지만, 실제 현금 관점에서는 더 빠른 개선을 보였습니다. 영업활동 현금흐름은 이미 2018년부터 플러스로 전환되었고, 잉여현금흐름도 2019년부터 플러스로 돌아서는 상황을 맞이했습니다.

이처럼 적자 기업이라도 현금흐름 지표를 통해 기업의 실질적인 운영 성과와 재무 건전성을 더 정확하게 판단할 수 있습니다. 회계상 이익은 마이너스더라도 실제 현금 창출 능력이 개선되고 있다면, 이는 기업의 긍정적인 변화를 보여주는 중요한 신호입니다.

테슬라의 지난 10년 추세를 살펴보면, 영업현금흐름과 설비투자 CAPEX는 지속적으로 증가하는 모습을 보였습니다. 그러나 주목할 점은 잉여현금흐름이 2023년부터 하락세로 전환되었다는 것입니다. 이는 성장을 위한 투자가 확대되면서 나타난 현상으로, 향후 테슬라의 투자 효율성과 현금 창출 능력을 지속적으로 모니터링할 필요가 있음을 시사합니다.

테슬라의 핵심 지표와 ROIC 분석

단위: 백만달러	2024	2023	2022	2021	2020	2019
총자산	122,070	106,618	82,338	62,131	52,148	34,309
매입채무	12,474	14,431	15,255	10,025	6,051	3,771
미지급 비용	10,723	9,080	7,142	5,719	3,855	3,222
현금 및 현금성 자산	16,139	16,398	16,253	17,576	19,384	6,268
단기투자자산	20,424	12,696	5,932	131	-	-
유동자산	58,360	49,616	40,917	27,100	26,717	12,103
유동부채	28,821	28,748	26,709	19,705	14,248	10,667
투하자본(IC)	**69,334**	**62,239**	**45,733**	**38,992**	**29,773**	**25,880**
영업이익	7,076	8,891	13,659	6,523	1,994	-69
법인세	1,837	-5,001	1,132	699	292	110
세후영업이익(NOPAT)	**5,239**	**13,892**	**12,524**	**5,824**	**1,702**	**-179**
ROIC	8%	22%	27%	15%	6%	-1%

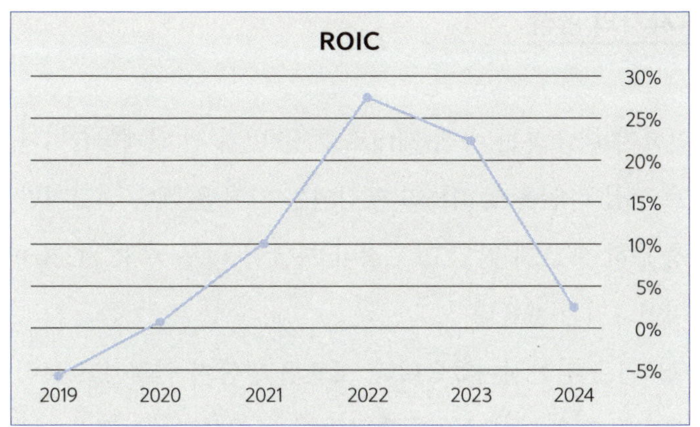

ROIC
30%
25%
20%
15%
10%
5%
0%
−5%
2019
2020
2021
2022
2023
2024

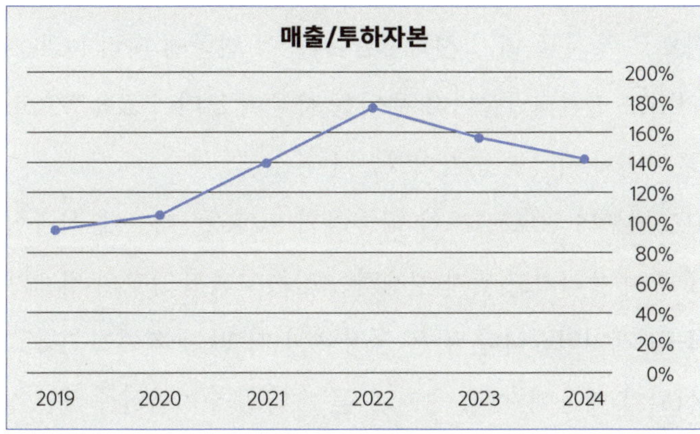

매출/투하자본
200%
180%
160%
140%
120%
100%
80%
60%
40%
20%
0%
2019
2020
2021
2022
2023
2024

세후영업이익/매출
18%
16%
14%
12%
10%
8%
6%
4%
2%
0%
−2%
2019
2020
2021
2022
2023
2024

투자자의 관점

2019년까지 테슬라는 아직 제대로 돈을 벌기 전 단계였습니다. 공장을 짓고 생산 라인을 늘리느라 투입되는 자본은 계속 커졌지만, 생산량은 충분히 오르지 않았고 고정비 부담이 너무 커 ROIC가 마이너스를 벗어나지 못했습니다.

2020년은 전환점이었습니다. 모델 3 생산이 안정되고 상하이 공장이 본격적으로 돌아가면서 출하량이 급증했고, 그 결과 테슬라는 본격적으로 흑자를 내기 시작했습니다. 이 변화에 따라 ROIC도 6%로 플러스로 전환되었습니다. 투입한 자본이 드디어 효율적으로 수익을 만들어내기 시작한 순간이었습니다.

2020년부터 2022년까지 테슬라의 ROIC는 빠르게 상승합니다. 생산 효율이 올라가고 원가 경쟁력이 강화되면서 규모의 경제가 제대로 작동한 시기였습니다. 같은 공장에서 더 많이 찍어낼수록 고정비가 희석되기 때문에, 매출 증가가 곧 수익성의 기하급수적인 상승으로 이어진 것입니다.

하지만 2023년 이후 상황은 달라졌습니다. 전기차 시장 경쟁이 심화되고 가격 인하 경쟁이 시작되면서 테슬라의 마진이 눈에 띄게 낮아졌고, 동시에 공장 확장과 신사업 투자로 자본 투입이 늘면서 자본 효율성도 약해졌습니다. 그 결과 ROIC는 하락세로 돌아섰습니다. 이는 테슬라가 고성장 구간에서 성숙기로 넘어가며 자연스럽게 겪는 구조적 변화이기도 하고, 시장 환경의 압력을 그대로 반영한 결과라고 볼 수 있습니다.

▶ 아마존의 재무 구조와 성장 전략 분석 ◀

Net Sales:	Year Ended December 31,		
	2022	2023	2024
Online stores (1)	$ 220,004	$ 231,872	$ 247,029
Physical stores (2)	18,963	20,030	21,215
Third-party seller services (3)	117,716	140,053	156,146
Advertising services (4)	37,739	46,906	56,214
Subscription services (5)	35,218	40,209	44,374
AWS	80,096	90,757	107,556
Other (6)	4,247	4,958	5,425
Consolidated	$ 513,983	$ 574,785	$ 637,959

자료 출처 : SEC EDGAR

(1) Online stores: 물리적/디지털 형식의 제품 판매와 거래 기반 디지털 미디어 콘텐츠를 총매출로 기록합니다.

(2) Physical stores: 고객이 매장에서 직접 선택하는 제품 판매이며, 온라인 주문 후 매장 픽업은 '온라인 스토어'로 분류됩니다.

(3) Third-party seller services: 제3자 판매자 관련 수수료, 주문처리 및 배송 수수료와 기타 서비스를 포함합니다.

(4) Advertising services: 판매자, 공급업체, 출판사 등에게 제공하는 스폰서, 디스플레이, 비디오 광고 서비스 매출입니다.

(5) Subscription services: 아마존 프라임 멤버십 수수료와 디지털 콘텐츠 구독 서비스(AWS 제외)를 포함합니다.

(6) Other: 헬스케어 비디오 콘텐츠 라이선싱, 배송 서비스, 제휴 신용카드 계약 등 기타 서비스 매출입니다.

고마진 사업 부문의 성장

아마존의 사업 부문들은 모두 꾸준한 성장을 보여주고 있습니다. 특히 주목할 만한 고성장 부문은 다음과 같습니다.

- **광고 서비스**Advertising services: 2023년 24%, 2024년 20%의 인상적인 성장률을 기록하고 있는 광고 서비스는 아마존의 새로운 수익 동력으로 자리매김하고 있습니다. 이는 아마존이 보유한 방대한 고객 데이터와 트래픽을 기반으로 한 타깃 광고의 효과성이 시장에서 인정받고 있음을 의미합니다. 또한 이 부문은 전통적인 온라인 소매업에 비해 높은 마진율을 제공하므로, 회사의 전반적인 수익성 향상에 큰 기여를 하고 있습니다.

- **AWS**Amazon Web Services: 2023년 13%에서 2024년 19%로 성장 속도가 오히려 가속화되고 있는 AWS는 계속해서 아마존 수익의 핵심 기둥으로 기능하고 있습니다. 클라우드 컴퓨팅 시장에서의 선도적 위치를 유지하며, 인공지능과 머신러닝 서비스 확장을 통해 새로운 성장 기회를 창출하고 있습니다. AWS의 높은 운영 마진은 아마존 전체의 수익성을 떠받치는 역할을 하며, 다른 사업 부문의 확장을 위한 자금의 원천이 되고 있습니다.

이러한 고성장 부문들은 성숙 단계에 들어선 아마존의 핵심 온라인 스토어 사업이 갖는 성장의 한계를 효과적으로 보완하고 있습니다. 전자상거래 시장은 이미 경쟁이 치열해지고 고객 증가 속도도 둔화되는 단계에 접어들었기 때문에 온라인 스토어의 성장률은 앞으로도 예전만큼 높게 나오기 어렵습니다. 그럼에도 아마존의 전체 성장이 안정적으로 유지되는 이유는 광고와 AWS 같은 고부가가치 서비스가 빠른 속도로 성장하며 전체 매출 구조의 균형을 잡아주고 있기 때문입니다. 결과적으로 이러한 다각화 전략은 경기 변동에 대한 복원력을 강화하고, 장기적으로 성장 동력을 유지하는 데 중요한 역할을 하며, 아마존 전체 사업 포트폴리오의 건강성을 강화하는 기반이 되고 있습니다.

자본 투자 전략과 시장 확장

아마존은 성장 동력을 유지하기 위해 물류 인프라와 데이터센터, 첨단 기술 개발 분야에 대규모 자본 투자를 지속하고 있으며, 그 과정에서 배당이나 자사주 매입은 선택하지 않고 있습니다. 이러한 전략은 단기적으로는 비용 부담으로 작용할 수 있으나 장기적으로는 운영 효율성 향상과 고객 경험 개선으로 이어지며 결국 경쟁 우위를 강화하는 기반이 됩니다.

또한 북미를 넘어 인도, 브라질, 동남아시아 등 신흥 시장의 확장을 통해 새로운 고객층을 확보하는 데 집중하고 있습니다. 아마존은 지역별 생활 방식과 소비 패턴에 맞춘 현지화 전략을 통해 시장 침투

율을 높이고, 이를 글로벌 네트워크와 결합해 더 큰 '규모의 경제' 효과를 만들고자 합니다. 이러한 글로벌 확장은 공급망 최적화와 비용 경쟁력 강화로 이어질 수 있는 반면, 새로운 물류 센터 구축, 현지 인력 채용, 규제 대응, 마케팅 등 초기 투자 비용이 상당하기 때문에 단기 수익성에는 부담으로 작용합니다. 그럼에도 아마존은 이를 미래 성장을 위한 필수적인 투자로 보고, 지속적으로 확장 전략을 이어가고 있습니다. 다만, 이러한 국제 시장 확장 전략이 실제로 해외 매출international revenue 증가로 이어지는지는 지속적으로 모니터링할 필요가 있습니다.

운전자본 전략과 현금 효율성

아마존은 2024년 기준 재고자산 약 340억 달러, 매출채권 약 550억 달러, 매입채무 약 940억 달러를 전략적으로 관리하며 운전자본을 최소화하는 효율적인 비즈니스 모델을 구축하고 있습니다. 이 수치들을 상계netting하면 운전자본은 약 -47억 달러로 마이너스를 기록하는데, 이는 아마존의 운영 구조가 매우 효율적으로 설계되어 있음을 보여줍니다.

아마존은 재고 회전율을 높이고 공급업체 지불 조건을 최적화하며 고객 결제 처리 속도를 단축하는 방식으로 이러한 마이너스 운전자본 구조를 만들어냈습니다. 첨단 물류 시스템과 정교한 수요 예측 기술을 통해 재고를 과도하게 쌓아두지 않으면서도 고객 주문에 신속하게 대응하고, 매입채무가 재고자산과 매출채권의 합보다 크다는 점은 공급업체에 돈을 지불하기 전에 이미 고객에게서 대금을 받아 현금이 먼저 들어온다는 뜻입니다. 여기에 더해 빠른 온라인 결제 시스템을 통해 매출채권 회수 기간을 줄이며 현금 유입 속도를 더욱 높이고 있습니다.

이처럼 현금 순환 주기를 최적화한 운영 방식은 아마존의 지속적인 성장과 시장 지배력 강화에 중요한 역할을 하고 있으며, 많은 기업이 벤치마킹하는 대표적인 사례로 자리 잡고 있습니다.

CAPEX와 현금흐름

단위: 백만 달러	2024	2023	2022	2021	2020	2019	2018	2017	2016	2015
영업현금흐름	115,877	84,946	46,752	46,327	66,064	38,514	30,723	18,365	17,203	11,920
CAPEX	82,999	52,729	63,645	61,053	40,140	16,861	13,427	11,955	7,804	4,589
영업현금흐름	32,878	32,217	-16,893	-14,726	25,924	21,653	17,296	6,410	9,399	7,331

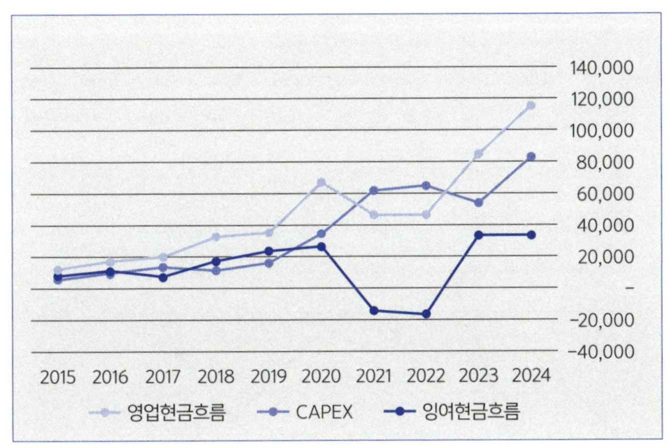

아마존의 잉여현금흐름은 지속적인 자본적 지출CAPEX 확대에도 불구하고 꾸준히 증가하고 있습니다. 이는 영업현금흐름Operating Cash Flow이 투자활동에 필요한 자금을 감당하고도 남을 만큼 개선되고 있다는 의미입니다. 이런 현금 창출 능력의 향상은 아마존의 재무적 자립도와 장기 성장의 지속 가능성을 뒷받침하는 핵심 기반이 되고 있습니다.

아마존의 핵심 지표와 ROIC 분석(과거 10년)

단위: 백만 달러	2024	2023	2022	2021	2020	2019	2018	2017	2016	2015
총자산	624,894	527,854	462,675	420,549	321,195	225,248	162,648	131,310	83,402	65,444
매입채무	94,363	84,981	79,600	78,664	72,539	47,183	38,192	34,616	25,309	20,397
미지급 비용	66,965	64,709	62,566	51,775	44,138	32,439	23,663	18,170	13,739	10,384
현금 및 현금성 자산	78,779	73,387	53,888	36,220	42,122	36,092	31,750	20,522	19,334	15,890
단기매매증권	22,423	13,393	16,138	59,829	42,274	18,929	9,500	10,464	6,647	3,918
유동자산	190,867	172,351	146,791	161,580	132,733	96,334	75,101	60,197	45,781	36,474
유동부채	179,431	164,917	155,393	142,266	126,385	87,812	68,391	57,883	43,816	33,899
투하자본(IC)	452,130	370,730	329,111	270,796	198,170	137,104	94,083	76,210	42,389	32,088
영업이익	68,593	36,852	12,248	24,879	22,899	14,541	12,421	4,106	4,186	2,233
법인서	9,265	7,120	-3,217	4,791	2,863	2,374	1,197	769	1,425	950
세후영업이익(NOPAT)	59,328	29,732	15,465	20,088	20,036	12,167	11,224	3,337	2,761	1,283
ROIC	13%	8%	5%	7%	10%	9%	12%	4%	7%	4%

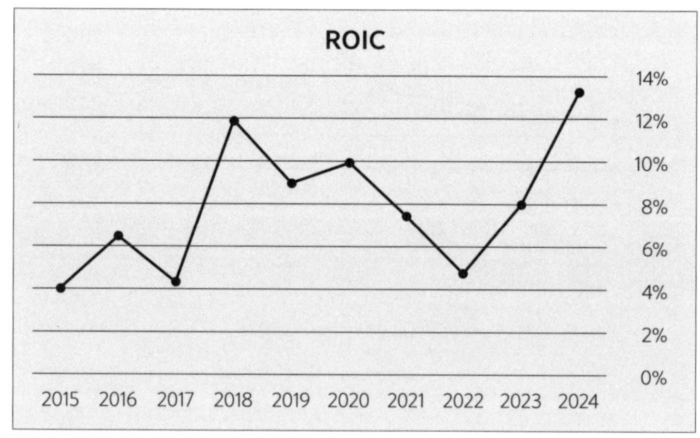

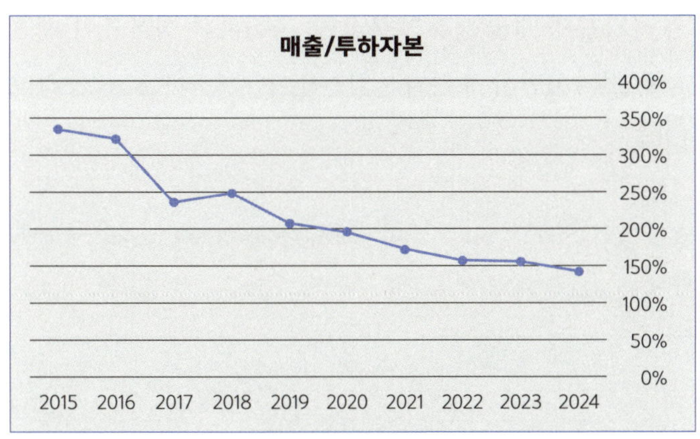

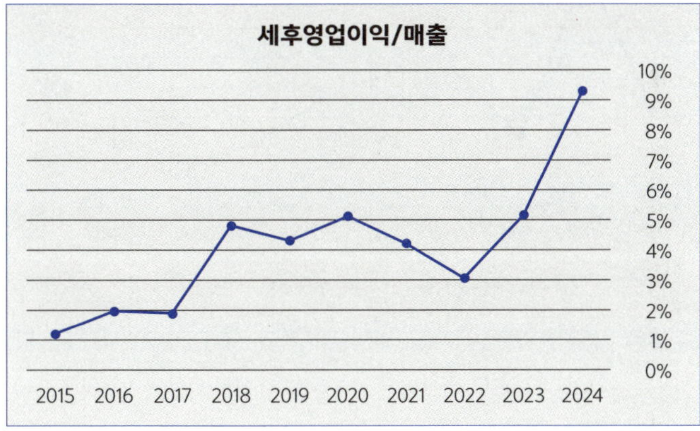

아마존은 지난 10년간 평균 8%의 ROIC을 기록하며 비교적 낮은 수준을 유지하고 있습니다. 이는 다음과 같은 재무적 특성에서 기인합니다.

1. **대규모 자본 투자**: 특히 2023년과 2024년에는 영업현금흐름의 각각 62%와 72%를 유형자산CAPEX에 투자했습니다.

2. **투하자본과 매출 성장의 불균형**: 투하자본 성장률이 매출 성장률을 초과하면서 투하자본회전율이 지속적으로 감소하고 있습니다.

단위: 백만 달러	2024	2023	2022	2021	2020	2019	2018	2017	2016
매출 성장률	11%	12%	9%	22%	38%	20%	31%	31%	27%
투하자본 성장률	22%	13%	22%	37%	45%	46%	23%	80%	32%

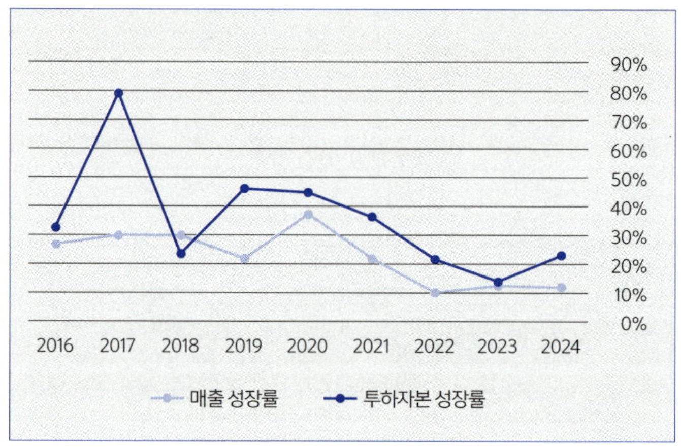

3. **낮은 수익성**: 지난 10년간 세후영업이익률이 평균 4%에 불과해 수익성 측면에서 약점을 드러냈습니다.

결과적으로 아마존의 ROIC 수치가 낮은 것은 단기적 문제라기보다 장기적 성장을 위한 전략적 선택으로 볼 수 있습니다. 아마존은 규모의 경제와 네트워크 효과를 극대화하기 위해 인프라에 집중적으로 투자하고 있습니다. 이러한 대규모 자본투자는 물류 네트워크, 데이터센터, 기술 인프라 등을 확장하는 데 사용됩니다.

또한 '자본적 지출CAPEX 집중 투자 → 매출 성장 → 네트워크 효과 강화 → 장기적 경쟁 우위 확보'라는 선순환 구조를 구축하고 있습니다. 단기적 ROIC 수치보다 시장점유율과 사업 확장에 우선순위를 두는 제프 베조스의 철학이 재무 지표에 반영되고 있는 것입니다.

지금까지의 투자가 실질적인 매출 성장으로 이어지고 있다는 점은 긍정적입니다. 향후 대규모 인프라 투자가 일정 수준에 도달하면 자본적 지출CAPEX 비율이 감소하고 투하자본회전율이 개선될 수 있습니다. 그리고, AWS와 같은 고수익 사업의 비중이 커지면서 세후영업이익률이 개선될 가능성이 있습니다. 플랫폼 비즈니스의 특성상 규모가 커질수록 수익성이 개선되는 경향이 있으므로, 현재의 투자는 미래 ROIC 개선의 토대가 될 수 있습니다.

[체크포인트] 기업의 성장성 확인을 위한 핵심 지표

빅테크 기업의 성장 잠재력을 평가할 때는 미래 성장 동력에 대한 투자가 적절히 이루어지고 있는지 확인하는 것이 핵심입니다. 이를 위해 다음 지표들을 체계적으로 분석할 필요가 있습니다.

1. R&D 투자 트렌드

- 손익계산서 상의 연구개발(R&D) 비용이 꾸준히 증가하고 있는지 확인합니다.
- 매출 대비 R&D 비율이 동종 업계 평균과 비교하여 어떤 수준인지 파악합니다.
- R&D 투자 증가율이 매출 성장률보다 높다면 미래 성장에 적극적으로 투자하고 있다는 신호입니다.

2. 자본적 지출(CAPEX) 현황

- 현금흐름표 상의 CAPEX 투자가 일관되게 증가하는지 살펴봅니다.
- 데이터센터, 네트워크 인프라, 신기술 도입 등 미래 경쟁력 강화를 위한 투자가 적절히 이루어지고 있는지 분석합니다.

3. 현금흐름 건전성

- R&D와 CAPEX에 투자함으로서 영업현금흐름이 증가하고 있는지 확인합니다.
- 투자 후에도 잉여현금흐름이 지속적으로 증가한다면 긍정적인 신호입니다.

- 이는 현재의 투자가 실질적인 수익 창출로 이어지고 있음을 보여주는 지표
  입니다.

4. 투자 효율성 점검

- 과거 R&D 및 CAPEX 투자가 매출 성장과 수익성 향상으로 이어졌는지 시
  간 경과에 따라 추적합니다.
- ROIC가 개선되고 있는지 확인합니다.

빅테크 기업이 이러한 지표들에서 긍정적인 추세를 보인다면, 단기적인 수익
극대화보다 장기적인 성장 기반을 구축하는 데 집중하고 있다고 평가할 수 있
습니다. 특히 R&D와 CAPEX 투자가 늘어나는 동시에 현금흐름까지 안정적
으로 개선되고 있다면, 현재의 투자가 단순한 비용이 아니라 미래 수익을 만
들어내는 토대가 되고 있다는 뜻입니다. 이런 기업은 기술, 인프라, , 제품 경쟁
력을 꾸준히 강화하고 있기 때문에 장기적으로 지속 가능한 성장 궤도에 올
라 있다고 볼 수 있습니다.

12.

코카콜라와 P&G
: 꾸준함이 만드는 기업의 내구력

"단순히 높은 배당률만 좇지 말고
기업의 재무 건전성을 확인하라."

배당주 투자는 많은 투자자들에게 매력적인 수익 창출 방법으로 인식되고 있습니다. 그러나 단순히 높은 배당률만을 추구하는 것은 장기적인 관점에서 위험을 초래할 수 있습니다. 이번 장에서는 회계사의 관점에서 배당 기업의 재무 건전성을 확인하는 방법을 체계적으로 알려 드리겠습니다.

▶ 재무제표를 통한 수익성 분석 ◀

배당의 지속가능성을 평가하기 위해서는 기업의 수익성에 대한 철저한 분석이 선행되어야 합니다. 최소 10년 이상의 장기 데이터를 검토하여 수익성 추세를 확인하는 것이 중요합니다.

핵심 수익성 지표

- **영업이익률**Operating Margin: 기업의 핵심 사업 활동의 수익성을 보여줍니다. 지속적으로 하락하는 영업이익률은 경쟁력 약화나 원가 관리 문제를 시사하는 것일 수 있습니다.

- **투하자본수익률**ROIC: 기업이 영업활동에 투자한 전체 자본 대비 수익성을 측정하는 지표로, 자기자본과 타인자본을 모두 고려하여 자본 효율성을 보다 정확하게 평가합니다. 동종 업계 경쟁사 대

비 높은 수준의 ROIC를 장기간 유지하는 기업은 지속적인 경쟁 우위와 효율적인 자본 운용 능력을 갖추고 있다고 볼 수 있습니다.

이러한 지표들의 장기 추세를 확인할 때는 단순한 수치 비교가 아닌, 산업 평균과의 비교 분석이 필요합니다. 예를 들어 기술 산업의 영업이익률과 유틸리티 산업의 영업이익률은 근본적인 차이가 있기 때문입니다.

▶ 현금흐름표 분석: 배당 지급 능력의 실질적 평가 ◀

손익계산서상의 순이익은 발생주의 회계적 원칙에 따른 회계적 이익으로, 실제 기업의 현금 창출 및 배당금 지급 능력을 정확히 반영하지 못하는 한계가 있습니다. 예를 들어, 매출 인식은 되었으나 미수금 상태인 경우나 감가상각비와 같은 비현금성 비용이 반영된 경우, 순이익과 실제 현금 유입 간에 차이가 발생합니다. 따라서 배당 지급 능력의 실질적 평가를 위해서는 현금흐름표 분석이 필수적입니다.

핵심 현금흐름 지표

- **영업현금흐름**Operating Cash Flow: 기업의 핵심 사업 활동에서 발생하는 실제 현금흐름을 나타냅니다. 영업이익과 영업현금흐름의 관

계 분석이 중요한데, 영업현금흐름이 지속적으로 영업이익보다 낮다면 매출채권 회수 지연, 재고자산 증가, 또는 기타 운전자본 관리의 비효율성을 의미할 수 있습니다. 이는 회계상 이익은 발생하지만 실질적인 현금 창출 능력에 구조적 문제가 있음을 시사하며, 장기적으로 배당 지속성에 부정적 영향을 미칠 수 있습니다.

- **잉여현금흐름**Free Cash Flow: 영업현금흐름에서 사업 유지와 성장에 필요한 자본적 지출CAPEX을 차감한 금액으로, 기업이 자유롭게 사용할 수 있는 현금을 의미합니다. 이는 배당금 지급, 자사주 매입, 부채 상환, 또는 추가적인 투자를 위한 실질적 재원이 됩니다.

▶ 부채 구조와 재무 레버리지 분석 ◀

높은 배당을 유지하기 위해 과도한 부채를 활용하는 기업은 장기적으로 재무적 위험에 노출될 수 있습니다.

핵심 부채 관련 지표

- **debt/EBITDA**: 이 비율이 4배 이상이면 과도한 부채 부담을 의미할 수 있으며, 이는 미래 배당 지급 능력에 부정적 영향을 미칠 수 있습니다.

▶ 장기 배당 성장 이력 분석 ◀

기업의 배당 정책은 그 기업의 경영 철학과 주주 친화도를 반영합니다. 배당 성장 기간에 따른 분류는 투자자에게 유용한 프레임워크를 제공합니다.

배당 기업 분류

- **배당 킹**Dividend Kings: 50년 이상 연속으로 배당을 증가시킨 기업으로, 이는 탁월한 재무 안정성과 경기 사이클 대응 능력을 시사합니다.
- **배당 귀족**Dividend Aristocrats: 25년 이상 연속 배당 증가 기업으로, S&P 500에 속한 기업 중 약 65개 기업이 이에 해당합니다.
- **배당 어치버**Dividend Achievers: 10년 이상 연속 배당 증가 기업으로, 상대적으로 젊은 기업들이 많아 성장 잠재력이 높을 수 있습니다.

이러한 장기 배당 성장 이력은 단순한 과거 성과가 아닌, 기업의 위기 관리 능력과 주주가치 중시 문화를 보여주는 중요한 지표입니다. 특히 12년 이상의 배당 성장 이력은 기업이 최소 한 번 이상의 경기 사이클을 성공적으로 극복했음을 의미합니다.

기업의 배당 성장 이력을 확인하는 방법

Seeking alpha 사이트(seekingalpha.com) 접속 –> 예시) Coca-Cola 검색 –> Dividends 탭 –> Dividend Growth 탭에서 1년, 5년, 10년 등 배당 이력을 확인할 수 있습니다.

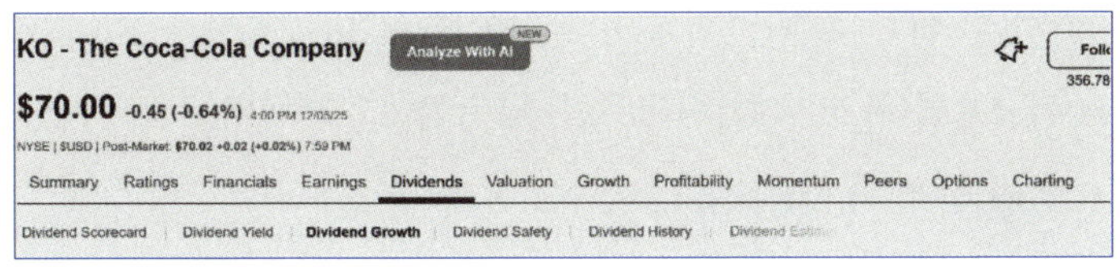

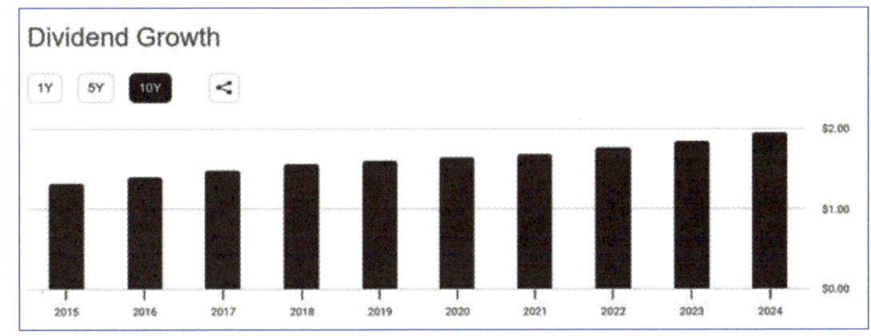

이상의 분석 요소들을 종합하여, 배당주 투자 전 반드시 확인해야 할 체크리스트를 제안합니다.

1. **수익성 검증**: 영업이익률, ROIC 추세 확인
2. **현금흐름 품질**: 영업현금흐름, 잉여현금흐름 확인
3. **부채 수준**: debt/EBITDA 3배 이하 확인
4. **배당 성장 이력**: 최소 10년 이상의 연속 배당 증가 기록 확인

배당주 투자에서 성공하기 위해서는 단순히 현재의 높은 배당률에 매료되기보다, 재무적 건전성을 바탕으로 미래의 배당 성장 가능성에 주목해야 합니다. 재무제표 분석을 통해 기업의 내재적 가치와 지속 가능성을 평가함으로써, 단기적 매력은 작더라도 장기적으로 주주가치를 극대화할 수 있는 기업을 선별하는 것이 중요합니다.

배당주 투자는 단순한 수익률 게임이 아닌 재무적 실질에 기반한 가치 투자의 한 형태가 되어야 합니다. 이러한 접근법이 투자자들에게 지속 가능한 수익과 자본 보존을 동시에 제공할 수 있는 길이 될 것입니다.

▶ 코카콜라/P&G: 안정적인 수익을 내는 기업의 특징 ◀

<u>코카콜라</u>

	2024	2023	2022	2021	2020	2019	2018	2017	2016	2015
영업이익률	21%	25%	25%	27%	27%	27%	27%	21%	21%	20%
ROIC	10%	12%	12%	10%	10%	10%	10%	3%	10%	9%
영업현금흐름	6,805	11,599	11,018	12,625	9,844	10,471	7,627	6,930	8,792	10,528
잉여현금흐름	4,741	9,747	9,534	11,258	8,667	8,417	6,079	5,255	6,530	7,975
debt/ebitda	6.5	3.6	3.6	3.4	4.3	4.1	5.7	6.9	5.2	4.2
배당성장	1.94	1.84	1.76	1.68	1.64	1.6	1.56	1.48	1.4	1.32

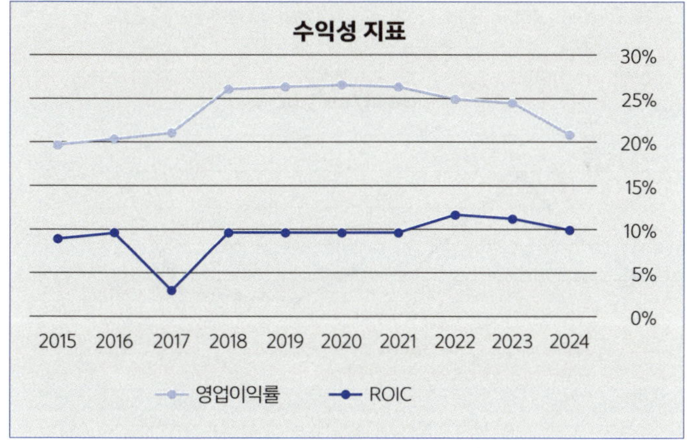

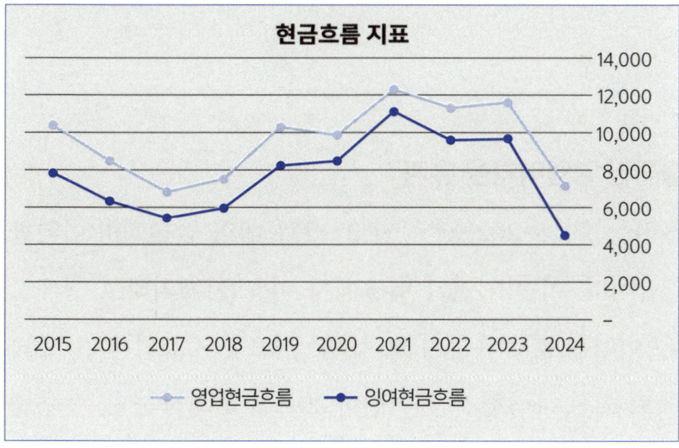

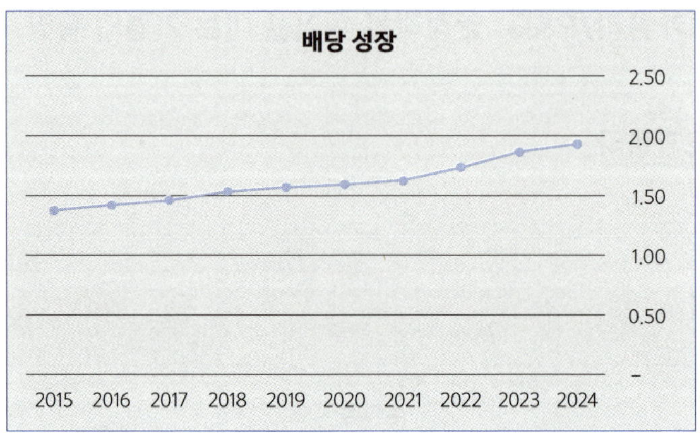

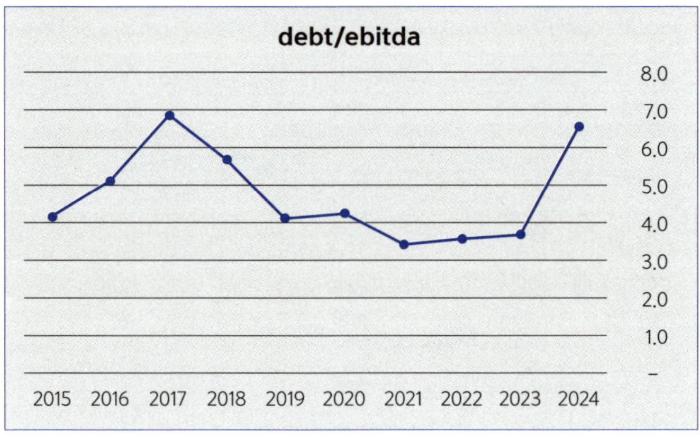

1. 안정적인 영업이익률 유지

코카콜라는 2018-2023년 동안 25-27%대의 높은 영업이익률을 유지해왔습니다. 이는 기업이 매출에서 비용을 제외하고 실제로 얼마나 많은 이익을 창출하는지 보여주는 중요한 지표입니다. *2024년에는 21%로 소폭 하락했지만, 여전히 20%를 상회하는 높은 수준을 유지하고 있습니다.

2. 장기적으로 안정적인 투하자본수익률ROIC

코카콜라는 과거 10년간 10%대의 ROIC를 유지해왔습니다. 2017년에는 법인세의 영향으로 일시적으로 3%로 하락했으나, 이후 다시 회복했습니다. 높은 ROIC는 기업이 투자한 자본을 효율적으로 활용하여 가치를 창출하고 있음을 보여주는 지표입니다.

3. 현금흐름 변동

코카콜라는 2023년까지 전반적으로 상승하는 긍정적인 현금흐름 추세를 보였으나, 2024년 영업현금흐름은 68억 500만 달러로, 2023년 대비 41% 감소했습니다. 이러한 감소는 60억 달러의 **IRS 세금 소송 예치금, 환율 변동으로 인한 불리한 영향 등으로 일시적 요인에 기인합니다.

4. 지속적인 배당 증가

코카콜라의 가장 큰 강점 중 하나는 지난 10년간 꾸준히 증가하는 배당금입니다. 이는 기업이 주주에게 안정적인 수익을 제공하고 있으며,

* 2024년 영업이익이 99억 9,200만 달러로, 2023년 대비 12% 감소했습니다. 이러한 감소는 원자재 비용 상승과 판매·일반·관리비 증가 등의 일시적 요인으로 인한 것입니다.

** IRS 세금 소송 예치금: 코카콜라는 2007~2009년 세금 산정 방식 관련 분쟁으로 IRS(미국 국세청)와 소송 중이며, 패소 가능성에 대비해 미리 예치한 금액이다. 실제 비용이 아니라 일시적으로 묶인 현금이다.

장기적인 재무 건전성을 유지하고 있다는 신호입니다.

5. 적절한 부채 관리

Debt/EBITDA 비율은 기업의 부채 상환 능력을 보여주는 지표입니다. 코카콜라는 2016-2018년과 2024년에 이 비율이 상승했으나, 기업의 안정적인 영업이익률과 현금창출능력을 고려할 때 관리 가능한 수준으로 판단됩니다.

<u>P&G</u>

	2024	2023	2022	2021	2020	2019	2018	2017	2016	2015
영업이익률	22%	22%	22%	24%	22%	8%	20%	21%	21%	16%
ROIC	14%	13%	14%	14%	12%	3%	9%	10%	9%	7%
영업현금흐름	19,846	16,848	16,723	18,371	17,403	15,242	14,867	12,753	15,435	14,608
잉여현금흐름	16,524	13,786	13,567	15,584	14,330	11,895	11,150	9,369	12,121	10,872
debt/ebitda	1.6	2.1	1.9	1.7	2	2	2.1	2.5	2.0	2.1
배당성장	3.96	3.74	3.61	3.4	3.12	2.95	2.84	2.74	2.67	2.63

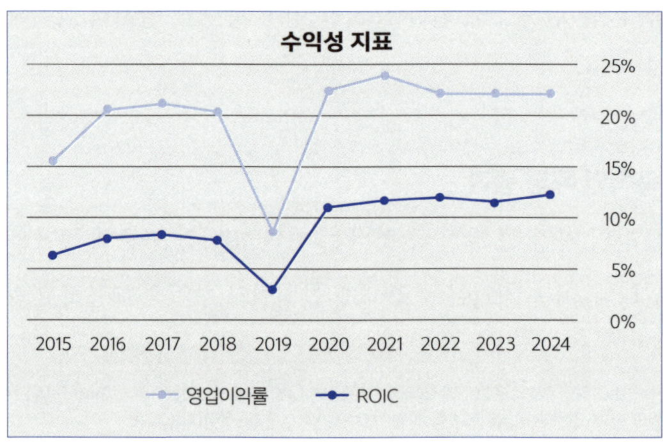

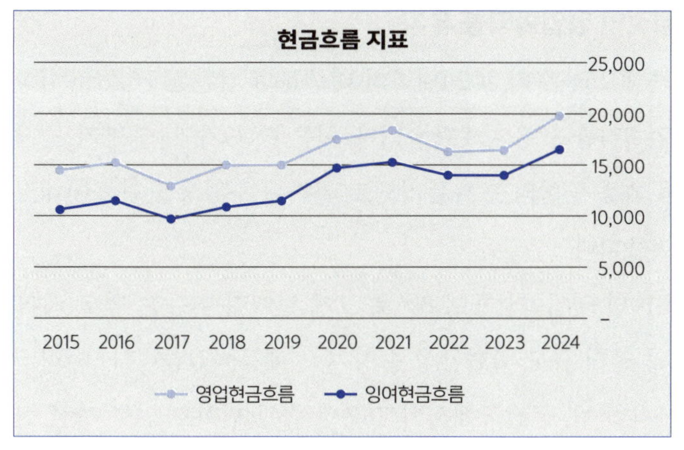
현금흐름 지표
25,000
20,000
15,000
10,000
5,000
2015 2016 2017 2018 2019 2020 2021 2022 2023 2024
영업현금흐름
잉여현금흐름

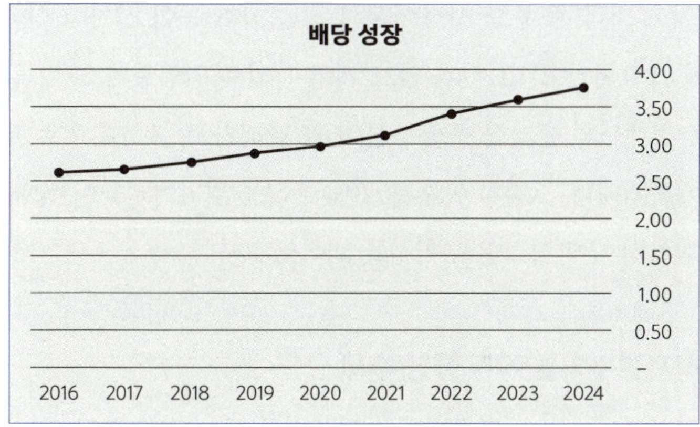
배당 성장
4.00
3.50
3.00
2.50
2.00
1.50
1.00
0.50
2016 2017 2018 2019 2020 2021 2022 2023 2024

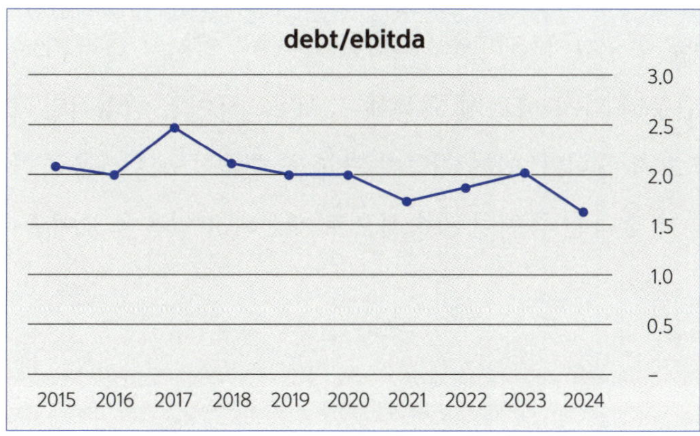
debt/ebitda
3.0
2.5
2.0
1.5
1.0
0.5
2015 2016 2017 2018 2019 2020 2021 2022 2023 2024

1. 안정적인 영업이익률 유지

P&G는 2015년부터 2024년까지 대부분의 기간 동안 20% 이상의 높은 영업이익률을 유지해왔습니다. 이는 P&G가 원가 관리 능력과 프리미엄 제품 중심의 포트폴리오로 일관된 수익성을 만들어내고 있음을 보여줍니다.

2019년 영업이익률이 8%로 크게 떨어진 이유는 면도 케어 부문의 83억 달러 규모 비현금성 손상차손 때문이었습니다. 여러 국가의 통화가치 하락, 선진국에서의 그루밍 습관 변화로 인한 시장 성장 둔화, 그리고 미국 등 주요 시장에서의 경쟁 심화 등이 겹치며 현금흐름 전망이 악화되었고, 그 결과 면도 케어 사업부 영업권의 68억 달러와 질레트 브랜드의 무기한 무형자산 16억 달러가 손상차손으로 처리되었기 때문입니다. 그러나 이후 2020년부터는 영업이익률이 22%로 빠르게 회복하여 안정적인 수익성을 회복했습니다.

2. 투하자본수익률ROIC 향상 추세

P&G의 ROIC는 2015년 7%에서 시작해 꾸준히 상승했고, 최근에는 13-14% 수준까지 올라왔습니다. 2019년에 일시적 하락(3%) 이후 2020년부터 다시 빠르게 회복해 12-14% 사이의 안정적인 수준을 유지하고 있습니다. 이는 기업이 자본을 효율적으로 사용하여 주주가치를 창출하는 능력이 지속적으로 개선되고 있음을 보여줍니다.

3. 영업 및 잉여현금흐름의 증가 추세

P&G의 영업현금흐름은 2015년 대비 2024년에 약 36% 증가했고, 잉여현금흐름은 같은 기간 약 52% 증가했습니다. 이는 P&G가 안정적인 현금 창출 능력을 갖추고 있으며, 이를 통해 주주환원, 투자 등에 활용할 수 있는 재무적 여력이 충분함을 의미합니다.

4. 건전한 부채 수준 유지

P&G의 debt/EBITDA 비율은 2015년부터 2024년까지 대체로 1.6-2.5 범위에서 안정적으로 관리되고 있습니다. 특히 2024년에는 1.6으로 낮아지며 분석 기간 중 가장 양호한 수준을 기록했습니다. 이는 기업이 부채를 효과적으로 통제하면서 재무적 안정성이 점차 강화되고 있음을 보여줍니다.

5. 지속적인 배당 성장

P&G의 배당금은 2015년 2.63에서 2024년 3.96으로 약 50% 증가했습니다. 이는 매년 배당금을 꾸준히 올리는 주주 친화적인 정책을 유지하고 있음을 나타냅니다. 특히 안정적인 영업현금흐름을 바탕으로 한 배당 성장은 P&G가 장기 투자자들에게 매력적인 기업임을 보여줍니다.

5장

좋은 기업을 좋은 가격에 사는 법

13.

나에게 맞는
투자 스타일 찾기

"먼저 자신에게 맞는
투자 스타일을 찾아라!
투자 철학의 차이가
투자 성과의 차이로 이어진다."

현대 투자 시장에서 성공하기 위해서는 자신만의 확고한 투자 철학이 필요합니다. 시장에는 수많은 투자 전략이 존재하지만, 그 근간을 이루는 핵심 철학은 크게 두 가지, '가치 투자Value Investing'와 '성장 투자Growth Investing'입니다. 이 두 접근법은 기업을 바라보는 관점부터 투자 의사결정을 내리는 방식까지 근본적인 차이를 보입니다.

그렇다면 왜 투자 철학이 중요할까요? 투자 철학은 단순한 이론이 아니라 실제 투자 과정에서 흔들림 없는 기준을 만들어주는 나침반 역할을 합니다. 시장은 늘 예측하기 어렵고 변동성이 크기 때문에, 일관된 철학이 없다면 단기 소음에 흔들리고 잘못된 결정을 반복하기 쉽습니다. 장기적으로 성공적인 투자를 이어가기 위해서는 자신만의 철학을 바탕으로 체계적으로 시장을 바라보는 태도가 필수적입니다.

투자 스타일이 가치 투자든 성장 투자든, 재무제표 분석은 모든 투자 결정의 기본 토대가 됩니다. 재무제표는 기업의 과거 실적과 현재 상태를 객관적인 숫자로 보여주는 거울이자, 앞으로의 가능성을 읽어낼 수 있는 중요한 실마리입니다. 하지만 같은 재무제표도 어떤 철학을 가지고 보느냐에 따라 집중하는 지표와 해석 방식이 달라지며, 이 차이가 결국 투자 성과의 차이로 이어집니다. 중요한 것은 어떤 투자 철학이 더 우월하냐를 따지는 일이 아니라, 스스로 선택한 철학을 일관되게 숫자로 검증해 나가는 태도입니다.

이 차이를 이해하는 순간, 재무제표는 더 이상 복잡한 표가 아니라 투자 판단을 단단하게 붙잡아주는 기준으로 보이기 시작할 것입니다.

가치 투자는 벤저민 그레이엄이 체계화하고 워런 버핏이 발전시킨 투자 철학으로, 기업의 본질적 가치와 시장 가격 간의 괴리에 주목합니다. 가치 투자자는 시장이 과소평가한 기업을 찾아내어, 그 기업의 진정한 가치가 시장에 반영될 때까지 인내심을 갖고 기다립니다.

가치 투자의 핵심 개념인 '안전마진'은 기업의 본질적 가치와 시장 가격 사이의 충분한 차이를 의미합니다. 이는 투자자의 분석 오류나 예상치 못한 환경 변화에 대비한 방어막 역할을 합니다. 워런 버핏은 "가격은 당신이 지불하는 것이고, 가치는 당신이 얻는 것이다"라는 명언으로 가치 투자의 핵심을 간결하게 표현했습니다.

가치 투자자가 주목하는 재무 지표

가치 투자자로서 기업의 재무제표를 분석할 때는 다음과 같은 핵심 지표에 주목해야 합니다.

- **ROIC의 안정성**: ROIC가 높은 수준에서 유지되는 안정적인 기업을 선호합니다.
- **현금흐름의 질과 안정성**: 회계이익보다 현금흐름에 더 주목하며, 특히 장기간 안정적인 잉여현금흐름을 중시합니다.
- **건전한 재무 구조와 부채 수준**: 낮은 부채비율을 선호, 경기 침체기

에도 안정적인 재무상태를 유지할 수 있는 기업에 주목합니다.

- **효율적인 운전자본 관리**: 운전자본이 효율적으로 관리되며 과도한 현금이 묶여있지 않은 기업을 선호합니다.
- **안정적인 수익성 지표**: 급격한 변동 없이 안정적인 영업이익률을 보이는 기업을 선호합니다.
- **효율적인 자본 배분**: 경영진이 주주가치 극대화를 위해 자본을 효율적으로 배분하는지 주목합니다.

▶ 성장 투자 Growth Investing ◀

성장 투자는 필립 피셔와 피터 린치 등의 투자 대가들이 체계화한 투자 철학으로, 기업의 높은 성장 잠재력에 주목합니다. 성장 투자자는 현재는 다소 고평가되어 보이더라도, 지속적인 매출과 이익 성장을 통해 장기적으로 뛰어난 투자 수익을 가져올 기업을 찾습니다.

성장 투자의 핵심은 '복리 효과'의 위력을 활용하는 것입니다. 매출과 이익이 지속적으로 높은 성장률을 유지하는 기업은 시간이 지남에 따라 기하급수적인 가치 증가를 경험하게 됩니다. 아인슈타인이 '복리는 세상에서 8번째 불가사의'라고 말했듯이, 지속적인 성장의 힘은 장기적으로 엄청난 부를 창출할 수 있습니다.

<u>**성장 투자자가 주목하는 재무 지표**</u>

성장 투자자로서 미국 기업의 재무제표를 분석할 때는 다음과 같은 핵심 지표에 주목해야 합니다.

- **매출 성장률과 그 지속성**: 일관되게 높은 매출 성장(통상 15% 이상)을 기록하는 기업을 선호합니다.
- **신규 사업과 제품의 성과**: 기업이 새로운 시장을 개척하고 혁신적인 제품/서비스를 통해 미래 성장 동력을 확보하는지 주목합니다.
- **수익성의 개선 추세**: 규모의 경제 효과로 인한 수익성 개선 잠재력에 주목합니다.
- **현금흐름의 성장성**: 성장 투자자는 회계이익뿐만 아니라 현금흐름도 함께 성장하는지 확인, 초기 성장 기업의 경우 일시적인 음(-)의 잉여현금흐름도 미래 성장을 위한 투자로 인정합니다.
- **R&D 투자와 그 효율성**: 기업이 미래 성장을 위해 적극적으로 R&D에 투자하는지 주목합니다.
- **ROIC의 성장성과 투자 효율성**: 기업이 성장을 위한 투자를 효율적으로 집행하는지 확인, 높은 성장률과 높은 ROIC를 동시에 달성하는 기업은 최고의 투자 대상입니다.
- **충분한 성장 자금 확보 능력**: 기업이 미래 성장 계획을 실행할 충분한 자금을 확보하고 있는지 확인합니다.

[자가 진단] 나의 투자 성향 테스트

다음의 질문에 답하면서 자신의 투자 성향이 가치 투자와 성장 투자 중 어느 쪽에 가까운지 진단해 보세요.

1. 투자 결정시 가장 중요하게 생각하는 것은?

A) 기업의 현재 자산가치 대비 시장가치(저평가 여부)
B) 기업의 미래 성장 잠재력과 시장 확장성

2. 재무제표에서 가장 먼저 확인하는 항목은?

A) 부채비율과 현금흐름
B) 매출 성장률과 영업이익 증가율

3. 다음 중 더 선호하는 기업 유형은?

A) 안정적인 현금흐름과 높은 배당수익률을 제공하는 기업
B) 수익을 재투자하여 사업을 확장하는 성장기 기업

4. 주식 보유 예상 기간은?

A) 가치가 제대로 평가받을 때까지 장기 보유(3~10년)
B) 성장 스토리가 지속되는 한 보유(상황에 따라 변동적)

5. 다음 상황에서 어떤 행동을 취할 가능성이 높은가?

A) 시장이 히락할 때 저평가된 우량 기업을 적극적으로 매수
B) 성장세가 둔화되는 조짐이 보이면 빠르게 포지션 조정

6. 다음 중 어떤 종류의 리스크에 더 민감한가?

A) 영구적 자본 손실의 리스크(주가가 회복되지 않을 가능성)
B) 기회비용의 리스크(성장 기회를 놓칠 가능성)

7. 경기 사이클에 대한 태도는?

A) 경기 사이클을 고려하여 저평가된 시점에 매수
B) 경기 사이클과 무관하게 구조적 성장이 예상되는 기업 선호

8. 투자 결정에 영향을 주는 핵심 요소는?

A) 안전마진과 내재가치 분석
B) 혁신 역량과 시장 지배력 확대 가능성

결과

- **A 답변이 더 많다면:** 당신은 재무제표에서 기업의 자산가치와 현재 수익력을 중요시하는 가치 투자자 성향이 강합니다. 10-K와 10-Q 보고서를 분석할 때 재무상태표와 자산의 질, 부채 수준, 잉여현금흐름 창출 능력에 집중하는 것이 효과적일 것입니다.

- **B 답변이 더 많다면:** 당신은 기업의 미래 성장 잠재력과 시장 확장성을 중시하는 성장 투자자 성향이 강합니다. 재무제표 분석 시 매출 성장률의 추세, 이익률 변화, R&D 투자 비중 등에 집중하는 것이 효과적일 것입니다.

14.
저평가 기업을 찾는 가장 확실한 방법

"성공적인 투자를 하려면
기업의 가치를 스스로 판단할 수 있어야 한다."

주식 투자에서 가장 핵심적인 질문 중 하나는 '이 주식이 현재 가격에 비해 저평가되었는가?'입니다. 단순해 보이지만, 실제로 기업의 진짜 가치를 판단하는 일은 생각보다 훨씬 복잡합니다. 주가가 오르내리는 이유는 수없이 많지만, 긴 시간으로 보면 결국 주가를 결정짓는 것은 기업이 실제로 돈을 얼마나 잘 버는가, 즉 수익을 창출하는 능력입니다.

성공적인 투자자가 되려면 시장의 감정이나 단기적인 뉴스 흐름에 휩쓸리지 않고, 기업의 본질적인 가치를 스스로 판단할 수 있어야 합니다. 바로 이때 필요한 것이 재무 지표입니다. 재무 지표는 기업의 재무제표에서 숫자를 뽑아내 분석한 결과물로, 그 기업이 얼마나 효율적으로 돈을 벌고 있는지, 성장 가능성은 얼마나 되는지를 객관적으로 보여주는 '언어'와도 같습니다.

PER, PEG, PBR, EV/EBITDA* 같은 주요 투자 지표들은 기업의 가치를 서로 다른 각도에서 비춰줍니다. 이 지표들을 활용하면 여러 기업들을 같은 기준으로 비교할 수 있고, 현재 주가가 그 기업의 실제 가치에 비해 비싼지, 혹은 저평가되어 있는지를 판단할 수 있습니다. 하지만 하나의 지표만으로 기업의 모든 면을 판단할 수는 없습니

---

* EV(Enterprise Value): '기업 가치'라는 뜻이에요. 시가총액(주식의 총가치)에 부채를 더하고, 보유 현금을 빼서 계산합니다. 즉, 그 회사를 통째로 사려면 실제로 얼마가 필요한지를 보여주는 수치입니다.
→ EV = 시가총액 + 총부채 − 현금

EBITDA: 기업의 '영업활동으로 벌어들인 현금흐름'을 나타내는 지표예요. 풀면 Earnings Before Interest, Taxes, Depreciation, and Amortization, 즉 '이자, 세금, 감가상각비를 빼기 전의 영업이익'이라는 뜻이에요. 쉽게 말해, 본업을 통해 얼마나 현금을 잘 벌고 있는지를 보여줍니다.

다. 각 지표가 보여주는 것은 기업의 일부일 뿐이며, 산업의 특성이나 기업이 처한 성장 단계에 따라 해석이 달라질 수 있습니다. 그래서 투자자는 여러 지표를 함께 살펴보고, 여기에 기업의 사업 모델, 경쟁력, 미래 성장성 같은 숫자로 표현되지 않는 요소들도 함께 고려해야 합니다.

물론 모든 기업에 똑같은 잣대를 들이밀 수는 없습니다. 예를 들어, 빠르게 성장 중인 기업이라면 현재의 이익보다는 미래의 성장 가능성이 더 중요하기 때문에 PER보다 PEG 지표가 더 유용할 수 있습니다. 반면, 대규모 설비 투자와 자본이 필요한 제조업 같은 산업에서는 EV/EBITDA 지표가 기업의 실질적인 가치를 더 잘 보여주는 경우가 많습니다.

이제부터는 이런 주요 투자 지표들이 각각 어떤 의미를 지니는지, 어떻게 계산되고 실제 투자에서 어떻게 활용되는지를 하나씩 살펴보겠습니다. 숫자들이 단순한 데이터가 아니라, 기업의 '돈 버는 능력'을 읽어내는 언어가 될 것입니다.

PER (주가수익비율)

PER은 주가Price를 주당순이익Earnings Per Share으로 나눈 값으로, 현재 주가가 기업의 수익 대비 얼마나 비싼지를 나타냅니다.

PER = 주가 ÷ 주당순이익(EPS)

- PER이 10 이하인 경우 일반적으로 '가치주'로 분류되며, 현재 수익 대비 주가가 저평가되어 있을 가능성이 높습니다. 하지만 단순히 PER이 낮다고 좋은 투자처라고 단정 짓는 것은 위험합니다.
- 성장 산업(예: 기술, 바이오)은 높은 PER(20-30+)이 일반적인 반면, 성숙 산업(예: 유틸리티, 금융)은 낮은 PER(8-15)이 정상적입니다. 따라서 항상 동종 산업 내에서 비교해야 합니다.
- EPS는 회계적 이익으로, 실제 현금흐름과 차이가 있을 수 있습니다. 순이익의 질을 평가하기 위해 영업활동 현금흐름과 순이익의 비율을 확인하는 것이 중요합니다. 이 비율이 1에 가까울수록 이익의 질이 높다고 볼 수 있습니다.

PEG(주가수익성장비율)

PEG는 주가수익비율PER을 기업의 예상 이익 성장률로 나눈 값으로, 기업의 성장성을 고려한 밸류에이션 지표입니다.

$$\text{PEG} = \text{PER} \div \text{연간 이익 성장률}(\%)$$

해석 방법

- PEG가 1 미만인 경우 일반적으로 해당 기업의 주가가 성장성 대비 저평가되었다고 볼 수 있으며, 투자 가치가 높을 수 있습니다. PEG가 1보다 크면 성장성 대비 주가가 고평가되었을 가능성이 있습니다.
- 피터 린치는 13년간 연평균 29.2%의 수익률을 달성한 전설적 투자자로, 그의 핵심 투자 철학은 'PEG 1 이하의 합리적 가격에 성장하는 기업'을 찾는 것이었으며, 산업별로 PEG 기준을 차등 적용(경기 방어 산업 0.5 이하, 일반 성장 산업 1 이하, 고성장 산업 1.5 이하)했지만, PEG 외에도 ROE, 부채비율, 현금흐름 등을 종합적으로 고려하여 기업의 본질적 가치와 경쟁력을 판단했습니다. PEG가 낮더라도 부채가 과도하거나 현금 창출력이 약한 기업은 피했습니다.

PBR(주가순자산비율)

PBR은 주가Price를 주당순자산가치Book Value Per Share로 나눈 값으로, 기업의 장부상 가치 대비 시장가치를 나타냅니다.

$$PBR = 주가 \div 주당순자산$$

해석 방법

- PBR이 높을수록 자산이나 성장 가능성을 시장이 높게 평가하고 있다는 의미입니다. PBR이 1보다 작다고 해서 반드시 저평가를 의미하지는 않습니다. PBR은 단순한 저평가/고평가 지표가 아닌, 기업의 수익창출 능력ROE과 투자자의 요구수익률 간의 관계를 나타냅니다. ROE가 요구수익률보다 높으면 PBR은 1보다 크고, 반대의 경우 PBR은 1보다 작게 형성됩니다.

- 투자 결정을 위해서는 PBR을 단독으로 분석하기보다 ROE와 함께 분석하고, 동종 산업 내 비교, 시계열 분석, 성장성 고려 등 종합적인 접근이 필요합니다. 특히 높은 ROE와 낮은 PBR을 가진 기업은 저평가 가능성이 높아 매력적인 투자 기회가 될 수 있습니다.

EV/EBITDA(기업 가치 수익비율)

EV/EBITDA는 기업 가치Enterprise Value를 이자, 세금, 감가상각비, 무형자산상각비 차감 전 영업이익EBITDA으로 나눈 값으로, 기업의 운영 성과와 가치를 평가하는 지표입니다.

$$EV/EBITDA = 기업\ 가치(EV) \div EBITDA$$

· 기업 가치(EV) = 시가총액 + 순차입금(총부채 − 현금성자산)

· EBITDA = 영업이익 + 감가상각비 + 무형자산상각비

해석 방법

- EV/EBITDA가 10 이하인 경우 일반적으로 '저평가' 가능성이 있으며, 5 이하면 매우 매력적인 투자 대상으로 볼 수 있습니다. 그러나 단순히 수치가 낮다고 무조건 좋은 투자처라고 판단하는 것은 위험합니다.

- 성장 산업은 더 높은 EV/EBITDA를 보이는 반면, 안정적인 성숙 산업은 더 낮은 수치를 보이는 경향이 있습니다. 따라서 동종 산업 내에서 비교하는 것이 중요합니다.

- EBITDA는 감가상각비와 무형자산상각비를 다시 더하기 때문에 PER보다 자본 집약적 기업을 평가할 때 더 적합한 지표입니다. 특히 장비, 시설에 대규모 투자가 필요한 통신, 제조, 인프라 산업에서 유용합니다.

[계산 예시] 적정 주가 범위 산출 방법

저평가된 주식을 찾는 가장 실용적인 방법은 적정 주가를 산출하여 현재 시장 가격과 비교하는 것입니다. 여러 가치 평가 방법을 통합하여 적정한 가격의 범위를 산출해 보겠습니다.

PER 기반 적정 주가 계산하기

- **사례 기업: Apple Inc.**
  - 현재 주가: $175.00
  - 최근 EPS: $7.20
  - 산업 평균 PER: 25배
  - 5년 평균 PER: 22배

계산법

현재 PER = $175.00 ÷ $7.20 = 24.3배

산업 평균 기준 적정 주가 = $7.20 × 25배 = $180.00

5년 평균 기준 적정 주가 = $7.20 × 22배 = $158.40

적정 주가 범위(PER 기준): $158.40 ~ $180.00

PBR 기반 적정 주가 계산

- **사례 기업: Apple Inc.**
- 주당순자산(BPS): $25.00
- 산업 평균 PBR: 7.5배
- 5년 평균 PBR: 6.8배
- 최근 ROE: 42%

계산법

현재 PBR = $175.00 ÷ $25.00 = 7.0배

산업 평균 기준 적정 주가 = $25.00 × 7.5배 = $187.50

5년 평균 기준 적정 주가 = $25.00 × 6.8배 = $170.00

적정 주가 범위(PBR 기준): $170.00 ~ $187.50

15.

종목 분석이
어려울 때의 전략

"종목 분석을 통한 체계적인 투자가
힘든 경우에는 ETF로 핵심 지수를 담는
분산 투자가 좋은 대안이다."

개별 기업의 재무제표 분석은 회계 원칙의 이해, 산업별 특성 파악, 경쟁사 비교 분석 등 체계적인 접근이 필요한 과정입니다. 특히 미국 기업의 경우, 한국 투자자들에게는 언어 장벽, 공시 자료 접근성, 현지 시장 동향 파악에 추가적인 노력이 요구될 수 있습니다.

재무제표 분석에 충분한 시간과 자원을 투자하기 어려운 상황이라면, ETF(상장지수펀드)가 효과적인 대안이 될 수 있습니다. ETF는 전문 펀드 매니저와 분석가들의 전문성을 활용하여 체계적으로 구성된 포트폴리오에 쉽게 접근할 수 있게 해줍니다. 거래소에 상장되어 주식처럼 실시간 매매가 가능하며, 개별 주식보다 낮은 변동성으로 위험을 분산시키는 장점이 있습니다.

▶ ETF의 핵심 장점 ◀

1. **분산 투자 효과**: 단일 ETF로 수십에서 수백 개 기업에 투자 가능
2. **투명성**: 대부분의 ETF는 일일 보유 종목 공개로 투명성 확보
3. **유동성**: 시장 개장 시간 동안 실시간 매매 가능
4. **접근성**: 소액으로도 다양한 자산군, 지역, 섹터에 투자 가능
5. **투자 장벽 감소**: 개별 주식 선택의 부담감 없이 시장 전체나 특정 섹터에 투자할 수 있어 초보 투자자의 진입 장벽을 낮춥니다.

1. 인덱스 ETF (지수 추종형)

인덱스 ETF는 특정 주식 시장 지수를 그대로 따라가는 상품입니다. 주식을 직접 고르지 않고도 시장 전체나 특정 부문에 분산 투자할 수 있습니다.

- **특징:** 낮은 수수료, 투명한 운용, 분산 투자 효과
- **투자 목적:** 시장 평균 수익률 추구, 장기 자산 증식
- **위험도:** 중간 (시장과 동일한 위험)
  - **SPY(S&P 500 ETF):** SPY는 미국 대형주 500개 기업을 추적하는 ETF로, 시장 대표성이 매우 높은 벤치마크 역할을 합니다. 낮은 비용률(0.09%)과 높은 유동성이 특징이며, 미국주식 시장 전반에 분산 투자하고자 하는 투자자에게 적합합니다.
  - **QQQ(나스닥 100 ETF):** QQQ는 나스닥 100 지수를 추종하며, 주로 기술, 바이오테크, 통신 등 성장주 비중이 높은 100대 기업에 투자합니다. 시장 평균 대비 변동성이 다소 높은 편이나, 기술 섹터 중심의 성장 잠재력에 투자하고자 하는 투자자들에게 적합합니다.
  - **SCHD(다우존스 배당 100 ETF):** SCHD는 배당 성장성이 높은 기업들로 구성된 다우존스 배당 100 지수를 추종합니다. 가치 투자 성향을 가진 ETF로, 안정적인 배당 수익을 추구하는 투자자들에

게 적합합니다.

2. 레버리지 ETF

레버리지 ETF는 특정 지수의 일일 수익률을 2배, 3배로 높인 결과를 추구합니다. 파생상품을 활용해 더 큰 수익을 노리는 상품입니다.

- 특징: 높은 수익 가능성, 높은 변동성, 높은 수수료
- 투자 목적: 단기간 고수익 추구, 적은 자금으로 큰 포지션 효과
- 위험도: 매우 높음(시장의 2~3배 위험)
  - **TQQQ(나스닥 100 3배 레버리지 ETF):** TQQQ는 나스닥 100 지수의 일간 수익률을 3배로 추종하는 ETF입니다. 높은 변동성과 위험을 감수하고 단기 트레이딩을 목적으로 하는 투자자에게 적합합니다. 장기 보유 시 복리 효과로 인한 괴리가 발생할 수 있어 주의가 필요합니다.
  - **SOXL(반도체 지수 3배 레버리지 ETF):** SOXL은 필라델피아 반도체 지수의 일간 수익률을 3배로 추종합니다. 매우 높은 변동성을 보이며, 반도체 산업의 단기 상승 모멘텀을 활용하고자 하는 투자자에게 적합합니다.

3. 인버스 ETF

인버스 ETF는 시장이 하락할 때 오히려 수익을 내는 상품입니다. 특정 지수의 반대 방향으로 움직입니다.

- 특징: 하락장에서 수익 가능, 포트폴리오 헤지 수단
- 투자 목적: 시장 하락에 베팅, 보유 자산 위험 분산
- 위험도: 매우 높음(특히 레버리지 인버스)

  - **SOXS(반도체 지수 3배 인버스 ETF):** SOXS는 필라델피아 반도체 지수가 하락할 때 3배의 수익을 추구하는 ETF입니다. 포트폴리오 헤지 목적이나 약세장에서 투자하기 위한 상품으로, 매우 높은 위험성을 가지고 있으며 장기 보유 시 가치 하락 위험이 있습니다.

4. 단기 채권 ETF

단기 채권 ETF는 만기가 짧은 채권에 투자하는 상품입니다. 주식보다 안전하고 현금보다 수익률이 높은 특징이 있습니다.

- 특징: 낮은 변동성, 안정적 수익, 높은 유동성
- 투자 목적: 자금 임시 대기, 안전자산 배분, 단기 투자
- 위험도: 매우 낮음

  - **SGOV(iShares 0-3개월 미국 국채 ETF):** SGOV는 초단기 미국 국채에 투자하는 ETF로, 매우 낮은 위험성을 가지고 있습니다. 안전 자산 역할을 하며 유동성 관리에 적합한 도구입니다. 금리 변동에 대한 민감도가 낮아 안정적인 수익을 추구하는 투자자에게 적합합니다.

5. 테마 ETF

테마 ETF는 특정 산업, 트렌드, 심지어 개별 기업에도 집중 투자하는 상품입니다.

- **특징**: 집중 투자, 높은 성장 가능성, 높은 변동성
- **투자 목적**: 특정 산업이나 기업의 성장에 투자
- **위험도**: 높음(분산 투자 효과 낮음)
- **주의점**: 유행에 따라 인기가 급변할 수 있음

  - **TSLL(Direxion Daily 테슬라 2배 레버리지 ETF)**: TSLL은 테슬라 주가의 일간 수익률을 2배로 추종하는 단일 기업 레버리지 ETF입니다. 매우 높은 위험성과 변동성을 가지고 있어 단기 트레이딩에 적합하며, 테슬라의 성장에 집중 투자하고자 하는 투자자에게 적합합니다.

  - **NVDL(GraniteShares 1.5배 엔비디아 일일 ETF)**: NVDL은 엔비디아 주가의 일간 수익률을 1.5배 추종하는 단일 기업 레버리지 ETF입니다. 높은 변동성을 가지고 있으며, AI 관련 테마에 투자하고자 하는 투자자에게 적합합니다.

  - **MSTU(LHA Market State Tactical U.S. Equity ETF)**: MSTU는 전술적 자산 배분을 기반으로 하는 액티브 ETF로, 시장 상황에 따라 롱/숏 전략을 구사합니다. 변동성 관리와 하락 위험 감소를 목표로 하는 투자자에게 적합합니다.

6장

주식 투자는 매수 후 관리로 완성된다

16.
보유 주식
정기 점검하기

"기업의 경기 변동에 따른 체력,
즉 '버틸 수 있는 힘'을
주기적으로 살펴보라."

기업의 실적 발표는 투자자가 '내가 보유한 주식이 여전히 괜찮은가'를 점검할 수 있는 가장 좋은 시점입니다. 주가의 단기 등락에 일희일비하기보다, 기업이 실제로 어떤 성적표를 내놓았는지를 살펴보는 것이 훨씬 중요합니다. 실적을 확인할 때는 단순히 숫자가 오르고 내린 결과보다는 그 변화의 이유와 방향을 읽는 것이 핵심입니다. 이제부터는 실적 발표 후 우리가 체크해봐야 할 핵심 정보를 살펴보겠습니다.

먼저 손익계산서에서 꼭 확인해야 할 주요 지표들입니다.

▶ 손익계산서에서 반드시 확인해야 할 핵심 지표 ◀

매출 성장률

매출 성장률은 기업의 영업 규모가 얼마나 확장되고 있는지 보여주는 핵심 지표입니다. 이는 **(당기 매출액 − 전기 매출액) ÷ 전기 매출액 × 100%**로 계산합니다. 매출이 지속적으로 증가한다면 시장에서 제품과 서비스의 수요가 꾸준히 유지되고 있다는 의미입니다. 반대로 성장률이 둔화되면 시장이 포화 상태이거나, 경쟁이 심화되었거나, 제품이 수명 주기의 후반부에 진입했을 가능성이 있습니다. 분석할 때는 전년 동기 및 전분기 대비 추이, 그리고 산업 평균과의 비교를 함께 보아야 합니다. 꾸준히 산업 평균을 상회하는 성장률을 기록한다면, 그 기업은 시장점유율을 확대하고 있을 가능성이 높습니다.

매출 성장 이유

성장률이 높다고 해서 모두 좋은 것은 아닙니다. 단순히 '얼마나' 늘었는지가 아니라, '무엇 때문에' 늘었는지를 알아야 그 성장이 지속 가능한지 판단할 수 있습니다. 매출이 판매량 증가로 늘어났다면, 이는 실제 시장점유율이 확대되고 있음을 의미합니다. 반면 가격 인상만으로 성장했다면 장기적으로는 유지되기 어렵습니다. 신제품이나 신규 서비스의 출시로 매출이 증가했다면, 기업의 혁신 역량이 강화되고 있음을 보여줍니다. 기존 제품의 판매가 늘어났다면 브랜드 신뢰도와 고객 충성도가 높아지고 있다는 뜻입니다. 또한 지역별 매출 비중을 보면 성장 시장과 정체 시장을 구분할 수 있습니다. 인수합병으로 인한 매출 증가는 일시적일 수 있으므로 '비유기적 성장'으로 구분해 신중하게 해석해야 합니다. 마지막으로, 매출을 구성하는 비율(매출 믹스)의 변화가 수익성에 어떤 영향을 미치는지도 살펴봐야 합니다. 예를 들어, 고마진 제품의 비중이 늘었다면 매출 증가 이상의 의미를 가집니다.

매출 대비 비용 비중의 변화

매출이 늘더라도 비용이 더 빠른 속도로 증가하면 이익은 줄어듭니다. 즉, '얼마나 벌었는가'보다 '얼마나 효율적으로 벌었는가'가 더 중요합니다. 먼저 매출원가율(매출원가÷매출액)을 확인해 보세요. 이 비율이 낮아지고 있다면 원가 절감, 규모의 경제 실현, 또는 고부가가치

제품으로의 전환이 이루어지고 있다는 뜻입니다. 반대로 매출원가율이 높아지면 원자재 가격 상승, 경쟁 심화로 인한 가격 인하, 혹은 생산 효율 저하 등의 문제가 있을 수 있습니다. 또한 판관비율(판매관리비÷매출액)이 증가하면 영업활동의 효율성이 낮아지고 있음을 의미할 수 있습니다. 다만, 이는 마케팅 강화나 신시장 개척 등 미래 성장을 위한 전략적 투자일 수도 있으므로 단순히 부정적으로만 볼 수는 없습니다. 또한 연구개발비율(R&D÷매출액)이 증가하면 단기적으로는 수익성이 낮아질 수 있지만, 장기적으로는 경쟁 우위를 확보하기 위한 긍정적인 투자로 해석할 수 있습니다. 마지막으로 고정비와 변동비의 구성비를 파악하면, 매출이 변할 때 수익성이 얼마나 민감하게 움직이는지 예측할 수 있습니다. 이는 경기 변동에 대한 기업의 체력, 즉 '버틸 수 있는 힘'을 가늠하는 중요한 단서가 됩니다.

영업이익률

영업이익률(영업이익÷매출액)은 기업의 핵심 사업 수익성을 보여주는 지표입니다. 영업이익률 증가는 가격 결정력 강화, 원가 통제 개선, 또는 규모의 경제 실현을 의미합니다. 반면 감소는 경쟁 심화로 인한 가격 하락, 원가 상승, 또는 운영 비효율성을 시사합니다. 매출 증가에도 불구하고 영업이익률이 감소한다면 수익성 있는 성장인지 면밀히 검토해야 합니다. 또한 일회성 요인을 제외한 조정 영업이익률을 산출하여 지속가능한 수익 창출 능력을 평가하는 것이 중요합니다. 산업 평균 및 경쟁사와의 영업이익률 격차 추이는 경쟁 우위의 강화 또는 약화를 나타냅니다.

▶ 재무상태표에서 반드시 확인해야 할 핵심 지표 ◀

현금은 기업의 생존력과 기회 포착 능력을 동시에 보여주는 지표입니다. 갑작스러운 경기 침체나 외부 충격이 왔을 때 회사를 지탱해주는 것은 결국 현금입니다. 또 충분한 현금을 보유하고 있다면 좋은 투자나 인수 기회를 잡을 여유도 생깁니다.

현금 보유량

현금성 자산이 늘어나면 위기 대응력과 투자 여력이 커집니다. 다만 지나치게 많은 현금을 쌓아두면 자본이 놀고 있다는 뜻이 되어 자본 효율성이 떨어질 수 있습니다. '현금비율(현금성자산÷유동부채)'이 높아지면 단기적인 유동성 위험이 줄어들고, 반대로 낮아지면 단기 자금 압박이 커질 수 있습니다. '자산 대비 현금 비중(현금성자산÷총자산)'이 높다면 보수적인 재무 전략을, 낮다면 보다 공격적인 투자나 운전자본의 확장을 시사합니다. 또한 '순현금(현금성자산-차입금)'의 규모와 변화 추세는 재무 건전성뿐만 아니라 향후 자본 배분 전략을 예측하는 데 중요한 단서가 됩니다.

차입금 보유량

부채는 성장의 발판이 될 수도 있지만, 동시에 기업을 흔들 수 있는 위험 요인이기도 합니다. 차입금의 규모와 구조를 살펴보세요. 그럼 기업이 얼마나 안정적인 재무 기반을 가지고 있는지 알 수 있습니다. 차입금 규모와 구조는 재무 위험과 자본비용에 직접적인 영향을 미칩니다. '부채비율(총부채÷자기자본)'이 높아지면 재무적 레버리지가 커져 단기 수익성은 개선될 수 있지만, 위험 또한 함께 증가합니다. '순차입금(차입금-현금성자산)'이 늘어난다면 부채 부담이 커지고 있다는 뜻입니다. 단기부채의 비중이 높으면 만기 도래 시 차환(재차 대출) 위험이 커지고, 장기부채의 비중이 높으면 금리 변동에 오랜 기간 노출될 수 있습니다. 차입금의 만기 구조가 얼마나 다양하게 분산되어 있는지, 평균 금리 수준이 어느 정도인지도 반드시 확인해야 합니다. 특히 산업 주기와 비교했을 때 과도한 레버리지를 유지하는 기업은 경기 하락기에 큰 타격을 받을 가능성이 있습니다.

▶ 현금흐름표에서 반드시 확인해야 할 핵심 지표 ◀

기업은 '이익'이 아니라 '현금'으로 움직입니다. 손익계산서상의 이익이 좋더라도 실제 현금이 들어오지 않으면 기업은 성장도, 투자를 지속하기도 어렵습니다.

영업현금흐름

영업현금흐름은 기업이 본업을 통해 실제로 얼마나 현금을 벌어들이는지를 보여줍니다. 이 수치가 영업이익보다 지속적으로 낮다면, 이익의 질이 떨어지거나 운전자본 관리에 문제가 있을 가능성이 있습니다. 반대로 영업현금흐름이 영업이익을 초과한다면 감가상각처럼 비현금성 비용이 많거나, 운전자본 효율이 좋아지고 있음을 뜻합니다. '영업현금흐름 마진(영업현금흐름÷매출액)'이 상승하면 수익을 현금으로 바꾸는 능력이 강화되고 있음을 의미합니다. 반대로 하락하면 영업주기가 악화되거나 판매 조건이 완화되고 있음을 시사합니다. 또한 영업현금흐름이 얼마나 안정적이고 예측 가능한지도 중요합니다. 계절적 요인이나 경기 변동에 따라 이 수치가 지나치게 출렁인다면 기업의 가치 평가는 불안정해질 수 있습니다.

자본 지출CAPEX

'매출 대비 자본 지출 비율(CAPEX÷매출액)'이 높아진다면, 설비 확장이나 신사업 투자 등 성장 투자가 활발히 이루어지고 있음을 뜻합니다. 반대로 낮아지면 기업이 성숙기에 접어들었거나 새로운 투자 기회가 줄고 있음을 의미합니다. 하지만 자본 지출의 증가가 항상 좋은 신호는 아닙니다. ROIC(투하자본이익률)의 개선 가능성과 함께 살펴야, 그 투자가 실제로 수익을 낼 수 있을지 판단할 수 있습니다.

배당 지급 및 자사주 매입

기업이 벌어들인 돈을 어디에 쓰는지는 경영진의 철학과 자신감을 보여줍니다. 배당과 자사주 매입은 주주에게 이익을 돌려주는 대표적인 방법입니다. '총주주환원율(배당+자사주 매입÷순이익)'이 높아지면, 기업이 잉여현금을 적극적으로 주주에게 환원하고 있음을 의미합니다.

배당의 지속성과 성장성은 기업의 장기적인 현금창출 능력에 대한 경영진의 자신감을 반영합니다. 자사주 매입의 시기와 규모를 보면 경영진이 자사 주가를 어떻게 평가하고 있는지, 그리고 자본을 어디에 우선적으로 배분하고 있는지를 알 수 있습니다.

실적을 분석할 때는 이러한 핵심 지표들을 하나씩 따로 보기보다는 종합적으로 살펴봐야 합니다. 일회성 이익이나 비용의 영향을 제거하고, 경영진이 제시하는 가이던스의 현실성을 점검하는 것이 중요합니다. 또한 산업 트렌드와의 일관성, 자본 배분 전략의 효과, 그리고 지속 가능한 성장률 추정을 함께 고려해야 합니다. 그렇게 해야 비로소 단기 실적의 변동 너머에 있는 기업의 구조적 변화와 장기적 가치 창출력을 정확히 파악할 수 있습니다.

투자에서 '언제 팔아야 하는가'는 '언제 사야 하는가'만큼이나 중요합니다. 아무리 좋은 기업이라도 상황이 바뀌면 과감하게 매도 결정을 내려야 할 때가 있습니다. 재무제표나 공시 자료에는 이러한 적신호가 미리 드러나는 경우가 많습니다. 이런 신호들을 미리 포착하면 투자 손실을 줄이고, 포트폴리오 전체의 수익률을 높일 수 있습니다. 아래는 재무적인 관점에서 매도 시점을 판단할 때 유용한 핵심 체크리스트입니다.

1. 이익의 질Quality of Earnings 저하 신호

기업이 발표하는 '이익'이 모두 좋은 이익은 아닙니다. 일시적인 요인으로 만들어진 숫자나, 실제 현금이 따르지 않는 장부상의 이익일 수도 있습니다. '이익의 질'은 기업이 얼마나 건강하게 돈을 벌고 있는가를 알려주는 중요한 단서입니다.

- **영업이익과 영업현금흐름의 지속적 괴리**: 영업현금흐름이 영업이익보다 계속 낮게 나타난다면, 이익이 실제 현금으로 이어지지 않고 있음을 의미합니다. 이는 매출채권 급증, 재고자산 비정상 증가, 혹은 공격적인 매출 인식 등의 이유로 발생할 수 있으며, 향후 실적 악화의 전조로 볼 수 있습니다.

- **비경상적 이익의 비중 증가**: 자산 매각 이익이나 일회성 평가이익 등 본업과 무관한 이익이 전체에서 차지하는 비중이 커진다면, 핵심 사업의 수익성이 약화되고 있을 가능성이 큽니다. 실적 발표 자료에서 비경상적 이익을 제외한 '조정 이익Adjusted Earnings'이 줄어들고 있다면, 매도를 검토해 보아야 합니다.

2. 재무 건전성 악화 신호

기업이 아무리 성장 중이라도, 재무 구조가 흔들리면 작은 충격에도 버티기 어렵습니다. 부채 구조나 운전자본의 변화는 기업의 '내구성'을 보여주는 지표이므로, 종목을 장기 보유하고 있는 투자자라면 반드시 확인해야 할 요소입니다.

- **부채 구조의 악화**: 단기차입금 비중이 급격히 늘어나거나, 차입금 만기가 한 시점에 몰려 있다면 상환 리스크가 커지고 있음을 뜻합니다. 상환 능력에 비해 과도한 부채가 존재한다면 재무 위험이 빠르게 증가할 수 있습니다.

- **운전자본 효율성 저하**: 매출보다 매출채권이나 재고자산이 더 빠르게 늘어난다면 영업 사이클에 문제가 생겼다는 신호입니다. 재고자산회전일수와 매출채권회전일수가 계속 길어진다면, 제품 경쟁력 약화나 판매 부진으로 재고가 쌓이고 있음을 의미합니다.

- **매출 대비 매출채권 비율 상승**: 이 비율이 높아진다면 고객의 결제 지연이나 기업의 신용 판매 확대 등으로 현금 회수가 늦어지고 있음을 시사합니다. 매출채권 회수 기간이 계속 늘어나면 현금 유동성에 압박이 생기고, 결국 미래에 매출 감소로 이어질 가능성이 있습니다.

- **매출 대비 재고자산 비율 상승**: 재고가 빠르게 늘고 있다면 판매가 부진하거나 과잉 생산이 이루어지고 있을 수 있습니다. 다만 미래 수요를 대비한 생산 확대일 수도 있으므로, 반드시 경영진의 향후 매출 전망과 함께 해석해야 합니다. 만약 전망이 빗나간다면 과잉 재고는 할인 판매나 재고 상각으로 이어져 수익성에 타격을 줄 수 있습니다.

3. 성장 모멘텀 약화 신호

주가는 '현재 실적'이 아니라 '앞으로의 성장'을 반영합니다. 따라서 성장의 속도가 둔화되거나 성장의 질이 떨어진다면, 주가도 결국 그 변화를 따라가게 됩니다.

- **신규 주문 및 수주잔고 감소**: 현재 매출이 유지되고 있어도, 신규 주문이 줄거나 수주잔고가 감소하고 있다면 향후 성장 둔화가 예상됩니다. 수주잔고 대 매출 비율이 계속 하락한다면 매도를 고려할 시점일 수 있습니다.

- **핵심 성장 동력의 둔화**: 기존 주력 제품이나 서비스의 성장 둔화를 신규 사업이 메우지 못한다면, 전체 성장률이 떨어질 가능성이 높습니다. 사업부문별 실적을 분석해 어느 부문에서 성장세가 꺾이고 있는지 살펴보아야 합니다.

- **매출총이익률 하락**: 이 비율은 기업의 핵심 수익성을 보여주는 대표 지표입니다. 매출총이익률이 소폭만 떨어져도 영업이익에 큰 영향을 미치므로, 지속적인 하락은 심각한 경고 신호로 받아들여야 합니다. 이는 원가 상승, 가격 경쟁 심화, 산업 내 경쟁 구조 악화 등을 반영할 수 있습니다.

- **매출 대비 R&D 비율 증가**: 연구개발 비중이 높아지고 있음에도 매출이 늘지 않는다면, 혁신의 효율성이 떨어지고 있음을 의미합니다. 기술 기업의 경우 특히 이런 패턴은 경쟁력 약화를 뜻할 수 있습니다. 다만, 장기 성장을 위한 선제적 투자일 가능성도 있으니 기업의 R&D 전략과 파이프라인을 함께 검토해야 합니다.

4. 자본 배분 효율성 저하 신호

기업이 번 돈을 어디에 쓰는가는 장기 경쟁력과 주주가치에 직접 연결됩니다. 아무리 실적이 좋아도 비효율적인 자본 배분이 반복된다면 기업의 가치는 시간이 갈수록 훼손될 것입니다.

- **ROIC 하락**: ROIC(투하자본수익률)가 3년 연속 떨어지고 있다면, 기업이 투자한 자본으로부터 충분한 수익을 내지 못하고 있다는 의미입니다. 이는 경영 효율성이 떨어지고 있음을 보여주는 대표적인 신호입니다.

- **과도한 인수합병과 낮은 시너지**: 전략적 명분이 부족한 대규모 인수합병이나, 핵심 역량과 관련 없는 사업 다각화는 경영의 집중력이 약화되었음을 시사합니다. 인수 후 추가로 창출된 영업이익이 인수금액 대비 15% 미만이라면, 비효율적인 자본 사용이라고 판단할 수 있습니다.

결국 매도 신호를 읽는 목적은 단순히 '팔 시점'을 찾기 위함이 아니라, 내가 믿는 기업의 본질이 변하고 있는지를 확인하기 위함입니다. 이익의 질이 떨어지고, 재무 구조가 흔들리며, 성장 모멘텀이 약해지고, 자본 배분이 비효율적으로 변하고 있다면, 그 기업은 이미 과거의 모습이 아닐 가능성이 큽니다.

숫자 하나만 보고 결론을 내리기보다는, 여러 신호가 동시에 나타나는 시점을 경계해야 합니다. 그것이 바로 현명한 투자자가 손실을 피하고 다음 기회를 준비하는 자세입니다.

17.
기업의 미래 가치를
예측하는 방법

"주가에 휘둘리지 않기 위해서는
기업의 미래 가치를
판단할 수 있어야 한다."

기업의 가치를 예측한다는 것은 결국 "이 회사가 앞으로 얼마를 벌 수 있을까?"를 추정하는 일입니다. 단기적인 주가 등락에 휘둘리지 않고 장기적 관점에서 기업의 미래 가치를 평가하려면, 과거의 숫자에서 일관된 패턴을 찾는 것이 중요합니다.

이번 장에서는 ROE, PER, 배당 성향 같은 과거 데이터를 기반으로의 10년 후의 기업 가치를 추정하는 방법을 단계별로 살펴보겠습니다.

▶ 과거 데이터를 활용한 미래 주가 추정법 ◀

지난 10년간의 데이터 평균값 구하기

먼저, 기업의 기본 체력을 파악하기 위해 과거 10년간의 평균 데이터 값을 구해야 합니다. 단년도 수치는 경기나 일시적 사건에 영향을 받을 수 있기 때문에, 평균값을 사용해야 기업의 본질적인 수익성과 안정성을 더 정확히 읽을 수 있기 때문입니다.

1. ROE자기자본이익률

ROE는 기업이 주주가 투자한 자본으로 얼마만큼의 수익을 창출했는지를 보여주는 핵심 지표입니다. '순이익÷자기자본'으로 계산하며, 경영진이 자본을 얼마나 효율적으로 운용했는지를 가늠할 수 있습니다.

단년도 ROE는 일시적 요인에 의해 왜곡될 수 있으므로, 10년 평균 ROE를 통해 기업의 근본적인 수익 창출 능력을 판단하는 것이 좋습니다.

2. PER주가수익비율의 최댓값과 최솟값

PER은 '주가÷주당순이익(EPS)'으로 계산되며, 주식이 이익에 비해 비싼지 싼지를 판단하는 기준입니다. 낮을수록 저평가, 높을수록 고평가 상태일 가능성이 큽니다.

과거 10년 동안의 PER 최댓값과 최솟값을 구하면, 그 기업이 시장에서 어느 정도의 평가 범위 안에서 움직였는지를 파악할 수 있습니다. 이는 이후 주가 추정 시 상한선과 하한선을 정하는 데 활용됩니다.

3. 배당 성향과 유보율

기업이 벌어들인 이익을 얼마나 주주에게 돌려주고, 얼마나 회사 안에 남겨두는지를 나타내는 비율입니다.

- 배당 성향 = (배당금 ÷ 순이익) × 100
- 유보율 = 100 − 배당 성향

배당 성향이 높으면 주주환원이 활발하지만 성장 투자 여력이 줄어듭니다. 반대로 유보율이 높으면 재투자를 통해 자산을 키울 가능성이 크지만 단기 배당은 적을 수 있습니다.

현재의 데이터 분석

다음으로, 현재 시점에서 기업의 기초 체력을 확인해야 합니다. 현재의 BPS(주당순자산가치)에 과거 10년 평균 ROE를 곱하면, 현재의 EPS(주당순이익)를 계산할 수 있습니다. 이 수치는 기업이 지금 보유한 자산으로부터 얼마나 수익을 내고 있는지를 보여주는 기본 지표로, 미래 추정을 위한 '출발점'이 됩니다.

10년 후의 데이터 예측

이제 미래를 계산해 볼 차례입니다. 기업이 매년 벌어들이는 이익 중 일부는 배당으로 나가고, 나머지는 회사 안에 남아 자산(BPS)을 키웁니다. 이때 유보율이 높을수록 자산이 빠르게 증가하게 됩니다.

즉, 현재의 BPS에 (1+BPS 대비 유보율 비중)을 10년 동안 복리로 적용하면 10년 후의 BPS를 추정할 수 있습니다. 그리고 이렇게 구한 BPS에 과거 10년 평균 ROE를 곱하면, 10년 후의 예상 EPS를 구할 수 있습니다. 이 계산은 '기업이 현재와 같은 수익성을 유지한다'는 가정하에서 이뤄집니다.

마지막으로, 시장 평가를 반영하기 위해 PER을 적용합니다. 10년 후 예상 EPS에 과거 PER의 최솟값과 최댓값을 각각 곱하면, 10년 후 주가의 예상 범위를 얻을 수 있습니다.

이렇게 구한 범위는 시장 상황에 따른 주가 변동성을 고려한, 미래 주가의 하한선과 상한선을 의미합니다.

▶ [단계별 가이드] 10년 후 기업 가치 계산하기 ◀

(파란색으로 표기한 예시 수치는 이해를 돕기 위한 참고 값입니다.)

1. 지난 10년간의 평균 데이터

- ROE 평균값 구하기 (32%)
- PER의 최소값, 최대값 구하기 (최소값 15, 최대값 25)
- 유보율과 배당 성향 구하기 (유보율 75%, 배당 성향 25%)

2. 현재 BPS 확인(2025년 기준)

- BPS = 9.20

3. 2025년 EPS와 이익 구성 계산하기

BPS x ROE = EPS (9.20×32% = 2.94)

'EPS x 유보율', 'EPS x 배당률'로 EPS 대비 비중 구하기

(2.94×75%= 2.21, 2.94×25%=0.74)

'(EPS×유보율)/BPS', '(EPS×배당율)/BPS'로 BPS 대비 비중 구하기

(2.21/9.20=24%, 0.74/9.20=8%)

4. 2026년 데이터 구하기

BPS=2025년 BPS×(1+((EPS×유보율)/BPS))

(9.20×(1+24%))=11.40

EPS= 2026년 BPS×ROE (11.40×32% = 3.65)

5. 2027년 데이터

BPS=2025년 BPS×(1+((EPS × 유보율)/BPS))^2

(9.20×(1+24%))^2=14.14

EPS= 2027년 BPS x ROE (14.14×32%=4.52)

6. 2035년 데이터

BPS=2025년 BPS×(1+((EPS×유보율)/BPS))^10

(9.20×(1+24%))^10=79.03

EPS= 2035년 BPS×ROE (79.03×32%=25.29)

7. 2035년 미래 주가 추정값

2035년 EPS×PER 최솟값~2035년 EPS×PER 최대값

(25.29×15=379, 25.29×25=632)

따라서 2035년 미래 주가는 379~632로 추정할 수 있습니다.

10년 후 주가를 대략적으로 추정해 볼 수 있는 효과적인 방법은 PER를 활용한 주가 예측으로, 주가는 EPS와 PER의 곱으로 계산됩니다. 10년 후 주가 범위를 추정하려면, 10년 후의 예상 EPS에 역사적 최저 PER을 곱하여 최저 주가를, 역사적 최고 PER을 곱하여 최고 주가를 구할 수 있습니다. 이 방법의 핵심은 기업의 수익성과 시장의 평가 수준을 분리해서 생각하는 것입니다. 같은 수익을 내는 기업이라도 시장 상황에 따라 높게 평가받을 때와 낮게 평가받을 때가 있기 때문입니다.

투자 전략 관점에서 보면 PER이 높을 때, 즉 시장이 기업을 과도하게 높게 평가하고 있을 때가 최적의 매도 시점이며 이때 투자 수익률이 최대화됩니다. 반면 PER이 낮아 기업의 실제 가치보다 주가가 낮게 형성되어 있을 때는 조급하게 매도하지 말아야겠죠.

또 다른 예측 방법은 과거 수익률을 활용하는 것입니다. 현재 주가를 10년 전 주가로 나눈 값에 10제곱근을 씌운 후 1을 빼면 *연평균 수익률을 구할 수 있고, 이를 바탕으로 현재 주가에 1과 연평균 수익률의 합을 10제곱하여 곱하면 미래 **10년 후 주가를 추정할 수 있습니다.

***연평균수익률=((현재 주가/10년 전 주가)^(1/10))−1**
****10년 후 주가=현재 주가 x (1+연평균수익률)^10**

이러한 다양한 방법들을 종합적으로 사용하면 더욱 신뢰할 만한 예측이 가능합니다.

PER 분석은 현재 시장이 기업을 어떻게 평가하고 있는지, 그리고 과거 시장 사이클에서 해당 기업이 어떤 평가 범위를 보였는지를 보여줍니다. 이는 투자자의 심리와 시장 상황의 변화를 반영한 상대적 가치 평가 도구입니다. 반면 과거 수익률 분석은 기업의 장기적 성장 패턴과 주주 수익 창출 능력을 객관적으로 측정하여, 미래 성장 가능성을 가늠할 수 있는 기준을 제공합니다. 여기에 EPS 성장률 분석을 더하면 기업의 근본적 수익 창출 능력을 파악할 수 있습니다. EPS는 기업의 실제 이익을 주식 수로 나눈 값으로, 기업이 얼마나 효율적으로 수익을 증가시키고 있는지를 보여주는 핵심 지표입니다.

이 세 가지 분석을 결합하면 시장 평가(PER), 역사적 성과(수익률), 실질적 성장성(EPS)이라는 서로 다른 차원에서 기업을 종합적으로 평가할 수 있게 됩니다.

더 중요한 것은 이들 지표가 서로를 검증하고 보완한다는 점입니다. 예를 들어, 과거 수익률이 높다고 해서 무조건 좋은 투자처가 아닙니다. 만약 현재 PER가 역사적 최고 수준이라면 이미 성장성이 주가에 과도하게 반영되었을 가능성이 높습니다. 반대로 EPS 성장률이 지속적으로 증가하고 있는데 PER가 낮다면, 시장이 아직 기업의 가치를 제대로 평가하고 있지 못하고 있는 것일 수 있어서 좋은 투자 기회일 가능성이 큽니다. 이처럼 여러 지표를 교차 검증함으로써 단순한 추정을 넘어서 보다 논리적이고 균형 잡힌 투자 판단을 내릴 수 있습니다.

결국 미래 가치를 예측한다는 것은 '숫자를 맞추는 일'이 아니라, 기업의 성장성과 시장 심리를 균형 있게 해석하는 과정입니다. ROE, PER, 배당 성향, 수익률, EPS 등 여러 지표를 함께 살펴보면, 단순한 주가 예측을 넘어 합리적인 장기 투자 판단의 기준을 세울 수 있습니다.

18.

시장이 흔들릴 때
나를 지켜주는 리밸런싱 전략

**"규칙적이고 체계적으로
포트폴리오를 점검하라."**

투자 포트폴리오는 한 번 구성한 후 방치하는 것이 아니라 지속적인 관리와 조정이 필요한 살아있는 자산입니다. 시장의 변동성과 각 자산의 성과 차이로 인해 초기에 설정한 자산 배분 비율은 시간이 지나면서 자연스럽게 변화하게 됩니다. 체계적인 포트폴리오 관리와 적절한 리밸런싱은 투자 목표 달성과 위험 관리에 있어 핵심적인 역할을 합니다.

▶ 정기적인 포트폴리오 점검 방법 ◀

점검 주기 설정

포트폴리오 점검은 규칙적이고 체계적으로 이루어져야 합니다. 감정적 판단을 배제하고 객관적인 기준에 따라 점검 주기를 설정하는 것이 중요합니다.

1. 분기별 점검

대부분의 투자자에게 권장되는 주기입니다. 3개월마다 포트폴리오를 점검하면 시장의 단기 변동성에 과도하게 반응하지 않으면서도 필요한 조정을 적시에 할 수 있습니다. 미국 기업들의 분기 실적 발표와도 주기가 맞아 기업 분석과 함께 진행할 수 있습니다.

2. 반기별 점검

장기 투자자이거나 비교적 안정적인 포트폴리오를 유지하는 투자자에게 적합합니다. 6개월 주기는 충분한 데이터 축적을 통해 의미 있는 분석을 가능하게 합니다.

3. 월별 모니터링

정식 점검은 분기별로 하되, 매월 간단한 모니터링을 통해 큰 변화나 이상 신호를 조기에 감지할 수 있습니다.

포트폴리오 성과 분석

1. 절대 수익률 분석

투자 원금 대비 현재 포트폴리오 가치의 변화를 측정합니다. 단순히 수익률만 보는 것이 아니라 기간별 수익률을 연환산하여 비교 가능한 지표로 만들어야 합니다.

예시) 6개월 동안 8% 수익을 얻었다면, 연환산 수익률은 $(1.08)^2 - 1 = 16.64\%$가 됩니다.

2. 벤치마크 대비 성과

S&P 500, 나스닥 100 등 관련 지수와 비교하여 상대적 성과를 평가합니다. 시장 대비 초과 수익(알파)을 측정하여 투자 전략의 효과성을 판단할 수 있습니다.

자산 배분 분석

1. 현재 배분 비율 확인

각 자산군별(주식, 채권, 리츠REITs, 현금 등) 현재 비중을 계산하고 목표 배분과 비교합니다. 엑셀이나 포트폴리오 관리 도구를 활용하여 시각적으로 표현하면 더 이해하기 쉬울 것입니다.

2. 섹터 및 지역 분산 점검

주식 포트폴리오 내에서 섹터별, 지역별 분산이 적절한지 확인합니다. 특정 섹터나 지역에 과도하게 집중되지 않았는지 점검해야 합니다.

3. 개별 종목 비중 검토

단일 종목이 포트폴리오에서 차지하는 비중이 5-10%를 초과하지 않는지 확인해야 합니다. 특정 종목의 급등으로 인한 투자 집중의 위험을 방지할 수 있습니다.

상승장에서의 전략

[예시 1] 기술주 강세장 상황

2021년 코로나19 팬데믹 이후 기술주가 급등하면서 많은 투자자들의 포트폴리오에서 기술주 비중이 크게 증가했습니다. 이런 상황에서의 적절한 대응 전략을 살펴보겠습니다.

초기 포트폴리오(2021년 1월)

- 미국 대형주(S&P 500): 40%
- 미국 기술주(QQQ): 20%
- 국제 선진국 주식: 15%
- 신흥국 주식: 10%
- 채권(AGG): 10%
- REITs: 5%

6개월 후 현황(2021년 7월)

기술주의 급등으로 포트폴리오가 다음과 같이 변화했습니다.

- 미국 대형주: 42%(목표: 40%)
- 미국 기술주: 28%(목표: 20%, +8% 초과)

- 국제 선진국 주식: 13%(목표: 15%)

- 신흥국 주식: 8%(목표: 10%)

- 채권: 7%(목표: 10%)

- REITs: 2%(목표: 5%)

리밸런싱 전략

1. 기술주 비중을 28%에서 20%로 축소(8% 매도)
2. 매도 대금을 상대적으로 저평가된 자산에 재투자
   - 채권 3% 추가 매수
   - 신흥국 주식 2% 추가 매수
   - REITs 3% 추가 매수

투자자는 이러한 조정을 통해 2022년 기술주 조정 시기에 포트폴리오 손실을 최소화할 수 있었습니다.

하락장에서의 전략

[예시 2] 금리 인상 및 인플레이션 상황

2022년 미국 연방준비제도Fed의 공격적인 금리 인상으로 인해 성장수와 채권이 동반 하락하는 상황에서의 대응 전략을 살펴보겠습니다.

시장 상황 분석

- 기준금리: 0.25% → 4.25% 급속 인상

- 10년 국채 수익률: 1.5% → 4.0% 상승

- 나스닥: 약 33% 하락

- S&P 500: 약 20% 하락

포트폴리오 조정 전략

1. 채권 듀레이션 단축: 장기 채권에서 단기 채권으로 이동

- 20년 이상 장기 국채 ETF(TLT) → 1-3년 단기 국채 ETF(SHY)

- 회사채 중에서도 투자등급 단기채 비중 확대

2. 가치주 비중 확대: 성장주에서 배당주 및 가치주로 일부 이동

- 기술주 일부 매도 → 유틸리티, 소비재, 헬스케어 섹터 매수

- 배당수익률 3% 이상 우량 배당주 발굴

3. 현금 비중 확대: 추가 하락에 대비한 기회 자금 확보

- 포트폴리오의 10-15%를 단기 머니마켓 펀드나 고금리 예금으로
  보유

포트폴리오 조정 결과

– 성장주 ETF(VUG) 5% 매도 → 가치주 ETF(VTV) 매수

– 장기 국채 ETF(TLT) 전량 매도 → 단기 국채 ETF(SHY) 및 현금성 자산으로 교체

– 고배당 주식 ETF(VYM) 비중 3% → 5%로 확대

효과적인 포트폴리오 관리는 투자 성공의 핵심 요소입니다. 정기적인 점검과 체계적인 리밸런싱을 통해서만이 시장 변동성 속에서도 안정적인 수익을 유지할 수 있습니다. 중요한 것은 감정에 휘둘리지 않고 사전에 설정한 규칙과 기준에 따라 일관성 있게 관리하는 것입니다. 시장 상황에 따른 유연한 대응과 장기적 관점의 투자 철학을 바탕으로 한 포트폴리오 관리가 투자 목표 달성의 지름길이 될 것입니다.

미국주식 어떤 기업에 투자할 것인가

1판 1쇄 발행 2026년 1월 19일

지은이 고은미
발행인 오영진 김진갑
발행처 토네이도미디어그룹(주)

책임편집 유인경
기획편집 박수진 박은화 김예은
디자인팀 김현주
표지 및 본문 디자인 나은민
마케팅팀 박시현 박준서 박가영 한영은
경영지원 이혜선

출판등록 2006년 1월 11일 제313-2006-15호
주소 서울시 마포구 월드컵북로5가길 12 서교빌딩 2층
원고 투고 및 독자 문의 midnightbookstore@naver.com
전화 02-332-3310 팩스 02-332-7741
블로그 blog.naver.com/midnightbookstore
페이스북 www.facebook.com/tornadobook
인스타그램 @tornadobooks

ISBN 979-11-5851-339-9 (03320)